絶景鉄道 地図の旅

今尾恵介
Imao Keisuke

a pilot of wisdom

目次

第四章　不思議な鉄道、その理由

まえがき

ほとんどの日本人は、この弓状列島の「四季折々の自然」を自慢にしているのではないだろうか。この列島には二万七〇〇〇キロを超える線路が張り巡らされていて、日々いろいろな列車が目的地を目指して走っている。四季が自慢であるから、ソメイヨシノの並木の下をくぐる蒸気機関車や、水を張って田植えを待つ棚田を俯瞰《ふかん》しつつ急勾配を上る電車、青空にぽっかり浮かぶ夏雲の下、エメラルド色の海を背景にのんびり行く単行の気動車や、全山紅葉で錦繡《きんしゅう》の中を縫う豆粒大の電気機関車、一面の銀世界となった原野をひたすら驀進《ばくしん》する頼もしい特急の姿などなど、列車をからめた風景写真を愛《め》でてやまない。

本書ではそんな「鉄道のある風景」を、地図、とりわけ二万五千分の一地形図で味わってみようとする企画だ。私は中学一年生の頃に地形図の存在を知り、図上で線路を眺めて楽しむ味を知ってやめられなくなった。道路地図や市街地図ではなく地形図にこだわる理由は何かといえば、やはり地形図が「風景の見える地図」であることだ。

なぜ風景が見えるかといえば、その他の地図にはない植生《しょくせい》記号の存在がある。針葉樹林や畑・牧草地、それに果樹園と田んぼ、荒地に空地など、これら植生記号の組み合わせにより、風景がかなり現実に近く想像できるのだ。たとえば和歌山県の地形図なら、狭い等高線間隔の中に果樹園の記号が規則正しく配置されていれば、急斜面をびっしり埋め尽くしたミカン山であり、そこを二センチおきに等高線を跨《また》いでいく鉄道の記号があれば、二〇パーミルの急勾配を走る列車の姿も思い浮かぶ。いや、和歌山県だと場所によっては梅干しの梅を採るための梅林（同じ果樹園の記号）かもしれないが。

等高線が緩い間隔でどこまでも不定形にゆらゆらと揺れる北海道の根釧《こんせん》台地。そこに畑の記号が規則的に配置されていれば、起伏の続く牧場地帯を快走する列車だろうか。等高線が揺れているのに線路がまっすぐ敷かれていれば、地形もお構いなしに下って上ってどこまでも続く二条のレール。それが西に向かっていれば、沈む大きな夕日を背景に走る気動車の姿が想像できる。

峡谷の地形図は緊迫していて、川の両岸は切り立った「岩がけ」の記号が屏風《びょうぶ》のように連なっている。その片側の崖上を茶色く色づけされた国道が忠実にトレースし、その対岸は単線の鉄道だ。想像を巡らせれば、これを敷設した大正時代や昭和初期、崖っぷちを穿《うが》ってわずかな平地を無理矢理作り上げ、擁壁にしばしば落石覆いを施して列車を守った難工事も見えてくる。

突然空中に放り出されたような高い所、たとえば高い上路トラスの橋梁《きょうりょう》なら、支流が滝のように合流する様子を車窓から俯瞰できてスリリングだ。時には短いトンネルがいくつも連続していた区間が、地滑りの被害を避けるために長いトンネルに付け替えられることがある。地形図では前の版で線路が描かれていたところを急遽《きゅうきょ》空白に削除したので、なんとなく長細い空白が見えて、そこから廃線跡も想像できる。

見渡す限りの水田を走る列車の風景は、地形図ならこう描かれているはずだ。整然と並ぶ田んぼの記号の中を圃場《ほじょう》整備がきれいに終わった直交座標の畔道《あぜみち》が区切っていて、グレーに網掛けされた「樹木に囲まれた居住地」の表現で描写された集落が点在している。母屋と納屋がゆとりをもって並び、門前にはお父さんお母さんの乗用車、じいちゃんの軽トラック、長男長女の自転車二台（その前カゴには校章入りのヘルメット！）が並んでいるはずだ。集落の一角にある広葉樹の記号に囲まれた鳥居マークは村の産土神《うぶすながみ》。傍らの記念碑は、たとえば日露戦争後に建てられた忠魂碑だろうか。鳥居の先、田んぼを隔てたところをまっすぐ伸びるレールには、二時間おきに走るガラ空きの気動車。

地形図を見ながら、慣れてくれれば、いくらでも勝手な想像を膨らませられる。しかも地形図は一枚二七〇円という安さだ。こんなに安い道楽はない。

世に数多《あまた》いらっしゃる鉄道ファンといえば、多くが「車両派」らしい。しかしたまには線路の描かれた地形図を眺めながら、そのご贔屓《ひいき》の鉄道車両が走るところを想像してみるのもいいのではないだろうか。どんなカーブをして地形をやり過ごすのか、トンネルへ入るまでのドラマチックな勾配の調整や鉄橋が架けられた場所を見ながら、自分がもし線路の設計者であったら、その鉄橋を他のどこかに架けられる可能性があったのか。山を串刺しにしたスピードの出る線形はもちろん理想だが、残念ながら予算は無尽蔵ではなく、経費はなるべく節減しなければならない。こちらで削った土をあちらに持っていって築堤に積み上げればトラックで土を他地域へ運ぶ必要もないなあ、などと頼まれもしないのに想像する。

勝手に頭の中で想像した風景を思いつくまま並べてしまったが、そんな視点で地形図を眺めるクセがつくと、地方によってさまざまな特徴ある地形や集落の様子、それに耕地との関係などなど、日本の国土のいろいろな側面も見えてくる。昨今では田んぼの中に巨大なショッピングセンターが開店して旧市街の商店街が壊滅的な打撃を被ることもあれば、閉山して久しい元炭鉱町などは、地形図が版を重ねるごとに黒い四角で描かれた家屋が疎《まば》らになっていく。地形図は各時代を独自のやり方で精密に描写したポートレートだから、新旧を比較することで見えてくるものも多い。

鉄道というものは、あくまでお客や貨物をあちらからこちらへ運ぶものだが、もちろんそれだけで完結するものではなく、自然の地形の制約の中で、集落と都市、それに港や神社仏閣などを結んで走るのだから、その時代における社会のあり方と密接に結びついていることは言うまでもない。

本書は『週刊　鉄道絶景の旅』（集英社）に四〇巻にわたって連載したもので、その当時は原稿枚数の都合で盛り込めなかったものを、多数加筆して再構成した。

本書を鉄道旅行の「見どころ」を探すヒントとして、また地形図の楽しみ方のひとつの提案として、楽しく受け止めていただければ幸いである。

平成二五年一一月

今尾　恵介

第一章　地形図で探す「鉄道の絶景」

中央本線にもある絶景廃線跡

廃線といえばモータリゼーションの波をまともに受けた不採算のローカル線の末路、というイメージが強いが、東海道本線にも中央本線にもレッキとした（?）廃線がいくつもある。スピードアップや輸送力増強のために近道のトンネルができたり、勾配緩和のための新ルートが誕生した際、不要になった旧線である。

次頁上の図は中央本線の山梨県内、桂川《かつらがわ》沿いをトンネル混じりのコースで大月《おおつき》へ向かう途中の鳥沢《とりさわ》駅付近である。駅を出ると間もなく桂川をまたぐ高い新桂川橋梁（長さ五一三メートル）を渡り、すぐに猿橋《さるはし》トンネル（一二二一メートル）に突っ込むのだが、昭和四三年（一九六八）までは桂川の流れに沿って北側をぐるりと迂回《うかい》していた。地形図にもわずかながら痕跡が残っている。橋梁の北に小向《こむかい》という地名が見えるが、その右上にトンネルの入口と切取部（切り通し）の記号、そこに「荒地」の記号が載った細長い敷地が旧線跡である。さらに西へ進んで新道という地名の上には、何も載っていない盛土部（築堤）が記号で表されているが、これも旧線跡だ。

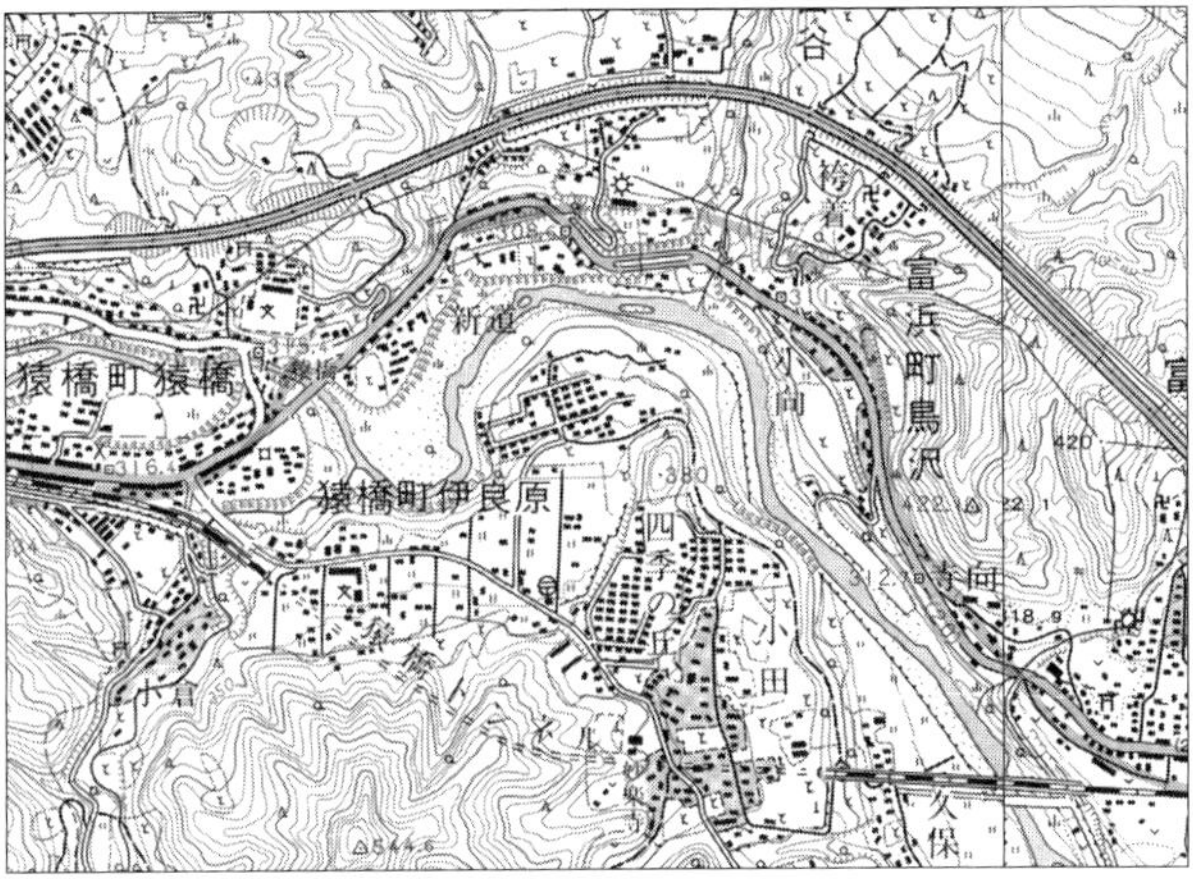

２万5000分の１地形図「大月」（平成６年修正）、「上野原」（平成20年更新）×0.9

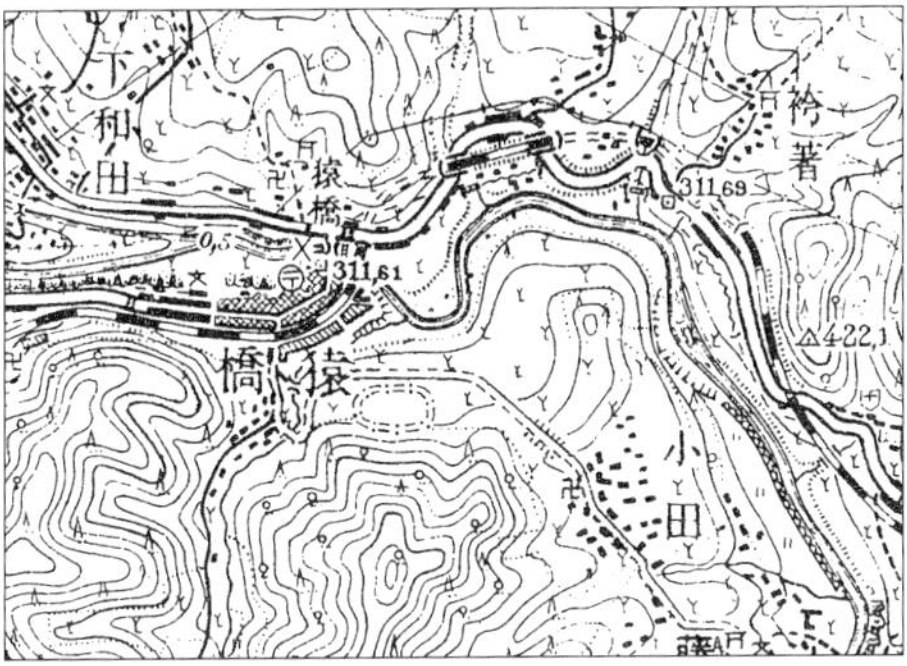

５万分の１地形図「谷村」（昭和27年応急修正）×1.1

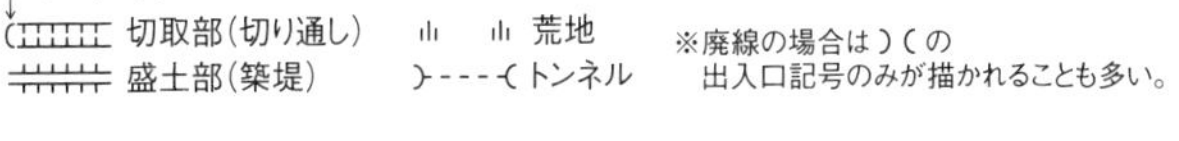

山中にひっそりと偉容をとどめる中央本線旧線の廃トンネル（上）と橋台（右）。この区間の開通は明治35年（1902）。丁寧に石積みされた坑口と橋台には、長年の風雪に耐えて重要幹線の任務を担ってきた風格がある。撮影は平成８年（1996）４月。写真：今尾恵介

地形図を子細に観察すれば全国各地にこのような区間が見つかるが、現地へ行けば地形図に載っていないものも発見できる。ここでは立派な石積みの旧トンネルが線路を外された後も残り、列車が通らなくなって四〇年以上経《た》った今も威厳のある坑口をぽっかりと開けているのだ。昭和一一年（一九三六）に発行された鉄道旅行ガイドブック『旅窓に学ぶ（東日本篇）』（ダイヤモンド社）には、この旧線の次のような描写がある。今となっては誰も体験し得ないので貴重な記録である。

富浜《とみはま》村地内の鳥沢停車場を過ぐ。これより西北に折れて御領沢、竹沢、蛇骨沢などの渓流を点綴《てんてい》して四ケ所の隧道《ずいどう》を過ぎ、直ちに桂川の峡流を渡る。此の時右窓上流に有名な奇橋、猿橋を見る。しかし両端を懸崖の隧道に繋《つな》ぐ僅か十七間の小橋とてその観望は一瞬の間に消え去り、殆《ほと》んど見るいともない。鉄橋の下には東電八ツ沢発電所への導水橋が見える。

猿橋が一瞬ではあるが車窓から望めたとは知らなかった。なるほど一五頁下の旧版の地形図を見るとトンネルの間のわずかな隙間に桂川を渡る橋梁があり、そのすぐ東側に中央本線の鉄橋が描かれている。このガイドブックを読んでから列車に乗り込み、四つのトンネルを指折り数えつつ右窓に顔を押し付け、瞬間的に通り過ぎる「日本三大奇橋の一つ」を網膜に焼き付けようと身構える人がきっと何人もいたことだろう。富浜村は昭和二九年（一九五四）に大月市に編入されている。導水橋は今も健在で、満々と水を湛《たた》えて意外に速く流れている。

旧線の廃線は全国各地に非常に多いが、中央本線で他に目立つものといえば信濃《しなの》境《さかい》～富《ふ》士見《じみ》（長野県）にあった旧線がある。ここは立場川《たつばがわ》の谷を現在線より北側に迂回していたものだが、複線化を機に新しい橋梁とトンネルで〇・二キロほど近道をした。列車に乗って車窓北側（八ヶ岳側）を注意していれば、深い渓谷にかかる上路トラス橋の立場川橋梁の残骸が今も錆《さ》びた姿を見せてくれる。なお、この橋梁は今では珍しくなった「ボルティモア・トラス（平行弦分格トラス）」という形式で、地元では文化財として保存しようという動きもあるが、維持費がかさむことから解体すべきとの声も挙がっている。

土砂崩れや地滑りなどの被害を受けやすい海沿いや渓谷の区間は、防災の見地からも積極的に別線（多くはトンネル）が設けられ、おおむね複線化を機に付け替えられたところが多い。大量輸送交通機関として見れば安定・高速輸送に力を発揮している新線なのだが、車窓を楽しみたい向きにとってはちょっと残念である。ずっと海沿いだった北陸本線の糸魚川《いといがわ》〜直江津《なおえつ》間など、今やほとんど地下鉄並みと言っていい。昔の車窓を思い浮かべつつ遊歩道になった廃線跡を歩くのもなかなか快適だが、山陰本線の嵯峨嵐山《さがあらしやま》〜馬堀《うまほり》間の保津川《ほづがわ》沿いの旧線は嵯峨野観光鉄道のトロッコ列車として活用され、幸福な第二の線路人生（？）を歩んでいる。ここは「絶景廃線跡」の理想的な活用方法だろう。

地形図で探したい絶景の「波かぶり線」

五能《ごのう》線は日本有数の「波かぶり線」である。秋田県の東能代《ひがしのしろ》駅から乗って八森《はちもり》まで来ると海が近づいてくるが、それから北上して青森県に入って約二時間、鯵ヶ沢《あじがさわ》の手前まで日本海の見える車窓がほとんどだ。「白砂青松」もあるが、どちらかといえば磯の海岸が多い。アングルもさまざまで、県境をまたぐ岩館《いわだて》〜大間越《おおまごし》間などは山の中腹からはるかに海を見下ろし、ウェスパ椿山《つばきやま》から横磯《よこいそ》あたりまでは海岸段丘の上から田んぼ越しに遠望す

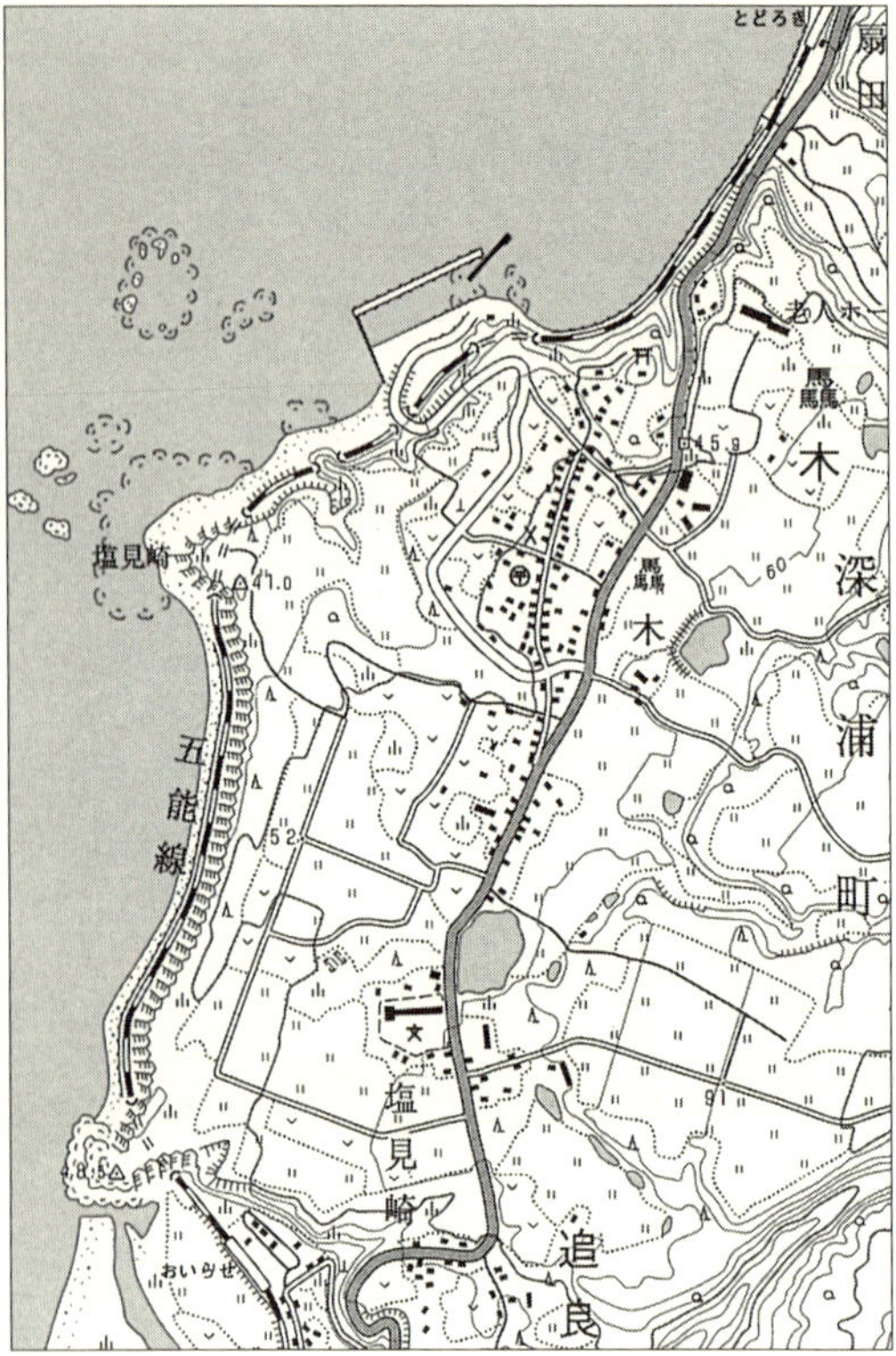

2万5000分の1地形図「驫木」（平成10年改測）×1.2

る。また深浦《ふかうら》から先は波をかぶりそうな位置まで線路が降りて行き、潮の香を感じることができる区間だ。

深浦から千畳敷《せんじょうじき》までは特に「波かぶり線」の本領を発揮。地図で見ると海岸線にぴったり寄り添った線形が印象的である。鉄道が波をかぶるような所を走るのは車両・線路いずれにとっても好ましくないのだが、海岸段丘の下で平地に乏しく、かといって段丘上に登るわけにもいかないので仕方なくこのコースをとっている。それが車窓を観賞したい人にとっては結果的に「最高のサービス」になった。

山がちで街道が海すれすれを通ることの多い日本では、海を間近に見られる線は枚挙に遑《いとま》がない。北海道から思いつくままに挙げてみると、海岸段丘の大きな崖下から砂浜がちの太平洋を望む日高《ひだか》本線、今となってはオホーツク海を見られる唯一の路線になった釧《せん》網《もう》本線（知床斜里《しれとこしゃり》〜藻琴《もこと》）、内浦《うちうら》湾（噴火湾）を望む函館《はこだて》本線の森《もり》〜野田生《のだおい》からは天気が良ければ湾の向こうに羊蹄《ようてい》山や有珠《うす》山《ざん》などを拝むこともできる。

東北では「横綱級」の五能線の他には羽越《うえつ》本線が筆頭だ。新潟県北部の城下町・村上《むらかみ》から北は秋田の手前の桂根《かつらね》あたりまで、庄内《しょうない》平野の区間を除いて大半が海沿いだ。特に

「笹川流れ《ささがわながれ》」と呼ばれる桑川《くわがわ》付近から越後寒川《えちごかんがわ》までは断崖絶壁でいくつもの短いトンネルを抜けて行くあたりが白眉。羽越本線は「日本海縦貫線」として別線で複線化している区間も多いのだが、この笹川流れあたりは昔のままの単線区間なので見逃せない。ちなみに村上～三瀬《さんぜ》あたりは上り線だけ長いトンネルが掘られていることもあり、できれば下り列車の方が「波かぶり率」は高い。

山陰本線も城崎《きのさき》温泉の先の竹野から西側は基本的に海沿いを走っていることが多く、しかも開業以来の単線であまり線路の改良をしていないので海が間近な区間は多い。しかし同じ海沿いでも交通量の多い複線の幹線となると事情は異なる。たとえば北陸本線の親《おや》不知《しらず》付近など、高度成長期の昭和四〇年代を中心に別線の複線トンネルが掘られて海がほとんど見えなくなっているところも多く、糸魚川～直江津に至っては「地滑り対策」として意図的に線路を山側のトンネルに移設しているため、トンネルの中に筒石《つついし》駅のある頸城《くびき》トンネルの前後など、地上を走っている方が珍しいほどだ。「波かぶり線」を堪能するためにはやはり単線のローカル線が狙い目である。

五能線では「海の向こうはロシア」で、大海原の先に見える水平線からは圧倒的な海の

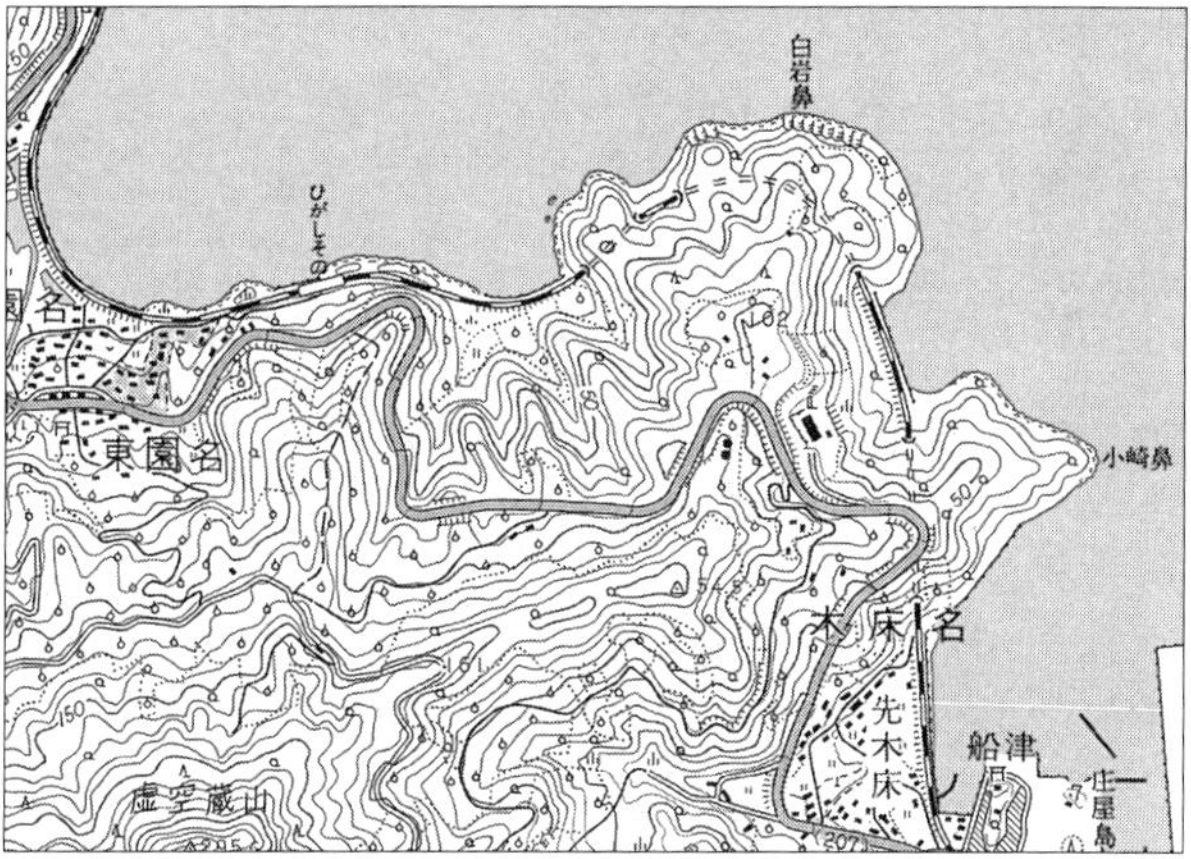

2万5000分の1地形図「大村」(平成12年修正) ×1.2

広がりを感じられるが、波静かな内海に沿う鉄道も魅力的だ。たとえば干潟の広い有明海にぴったり寄り添う長崎本線の多良《たら》～小長井《こながい》間、同線の旧線が大村湾沿いに走る喜々津《ききつ》～東園《ひがしその》～大草《おおくさ》、瀬戸内海では山陽本線の戸《へ》田《た》～富海《とのみ》（山口県）、海面に手が届きそうに近づく予讃《よさん》線の海岸寺《かいがんじ》～詫間《たくま》（香川県）など、沖の島々を眺める区間も見逃せない。

　このような海岸車窓を探す時に頼りになるのが地形図（二万五千分の一、五万分の一）だ。分県地図などの縮尺でも概略はわかるが、海のすぐ近くを走るのに防風林などに隠れて海が見えないことなど、地形図に教えてもらわなければわからない。その代表的な例が宮崎県内の海沿いを走る日豊《にっぽう》本線である。分県地図程度の縮尺なら完全に「波かぶり線」と見えるのに、二万五千分の一地形図で確かめてみると、宮崎県の都農《つの》から高鍋《たかなべ》の間では線路と海岸の間に防風林が植えられているため、ほとんど海が見えない。そのあたりのことは、かつては地形図を購入しなければ確認のしようがなかったが、今は国土地理院の地形図閲覧サービス「ウォッちず」で「予習」することができる。

植生記号でまだ見ぬ車窓を想像する

鉄道旅行で車窓風景を楽しむためには、地形図での予習がおすすめだ。なぜかといえば、前述のように植生記号が充実しているから。海沿いだと思ったら実際には防風林がびっしりと視界を遮って海が見えない、もしくはお目当ての名山が姿を見せてくれないこともある。このあたりは二万五千分の一の縮尺なら防風林が「針葉樹林」の記号で描かれていれば事前に予想がつく。また等高線が緩やかに何本か描かれた斜面を通る線路の場合、周囲がもし畑や牧草地であれば、車窓からはかなり遠景までの風景が目の前に広がっているはずだ。土地利用の情報が相当程度わかる地形図は、車窓の「予習」にはぴったりなのである。

田んぼや果樹園、針葉樹林・広葉樹林などは一般的に知られているから問題ないが、久大本線《きゅうだい》（久留米《くるめ》〜大分《おおいた》）の起点がある久留米市内には、知名度の低いある地図記号が沿線に広がっている。次頁上の図に多数ある○印がそれだが、もしご存知なら相当の「地形図通」といっていい。答えは地図記号の「その他の樹木畑」という記号である。

その他とは果樹園や林業用に育てられた森林以外の、栽培された樹木ということであり、具体的には和蠟燭《わろうそく》の原料となる櫨《はぜ》や、箪笥《たんす》などに加工する桐《きり》、和紙の原料の楮《こうぞ》・三椏《みつまた》などがその対象だ。久大本線の駅でいえば善導寺《ぜんどうじ》の手前から筑後草野《ちくごくさの》、田主丸《たぬしまる》にかけてで、耳納《みのう》山地の北麓に広がる地域は日本有数の植木の産地として知られている。車窓には枝ぶりの良いさまざまな庭木が所狭しと栽培されていて壮観だ。

果樹園の記号は「リンゴの実」を思わせるおなじみの記号だが、リンゴ、ミカン、ブドウなどの果物（ただし木にならないスイカやイチゴ、パイナップルなどを除く）、それに梅干しの梅を採る梅林も含まれている。果樹園の中を走る鉄道は多いが、代表的なところを挙げれば青森県・五能線の見渡す限りのリンゴ畑（川部《かわべ》〜板柳《いたやなぎ》など）、ブドウ畑が広がる中に甲

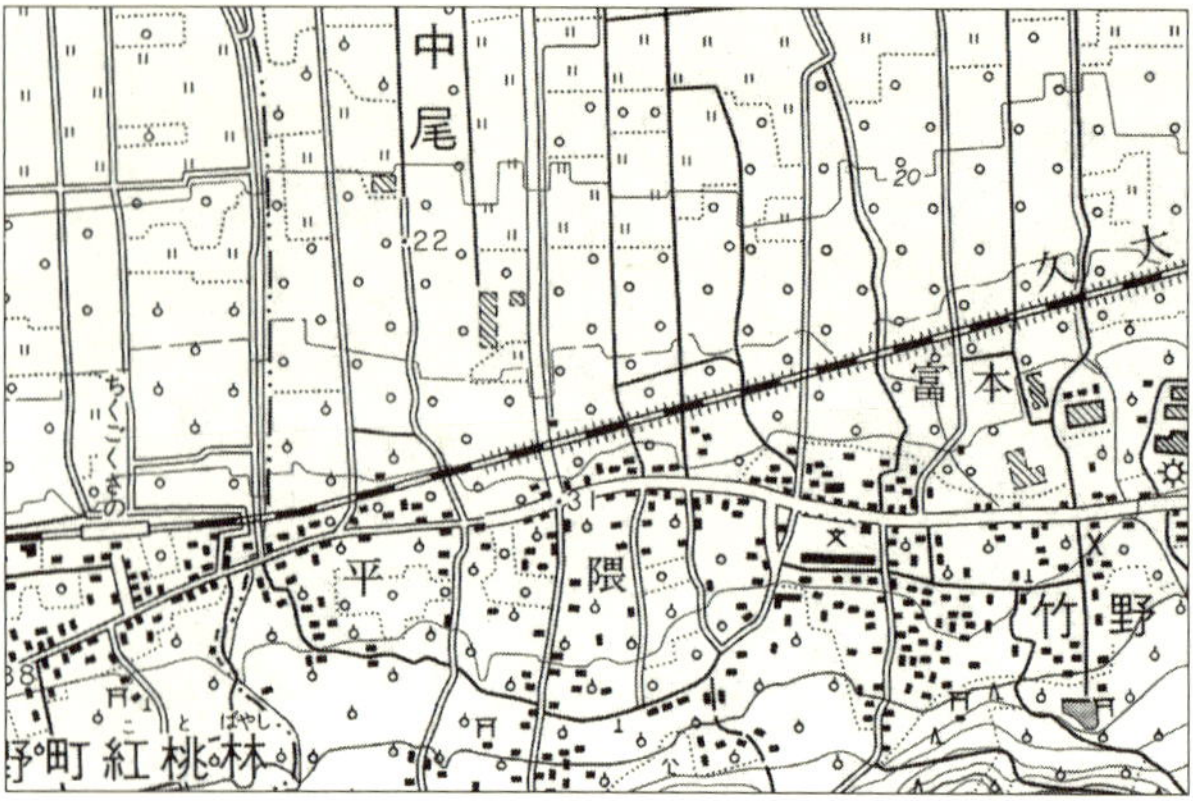

2万5000分の1地形図「草野」(平成13年修正) ×1.1

2万5000分の1地形図「板柳」(平成9年改測) ×1.1

府盆地のパノラマが見事な中央本線の勝沼《かつぬま》ぶどう郷～山梨市、紀勢《きせい》本線ではミカン山が列車を取り囲む有田《ありだ》市付近（紀伊宮原《きいみやはら》～下津《しもつ》ほか）などが代表的だ。

遠くまで見通しの利く植生といえば畑と牧草地（どちらも∨の記号）だが、北海道・富良野《ふらの》線の美瑛《びえい》付近は緩やかに起伏する丘陵地にどこまでも続くパッチワーク的な畑、また根室《ねむろ》本線の根釧台地を抜けるところや厚床《あっとこ》付近などは牧草地が広がり、北海道らしさが存分に味わえる区間だ。

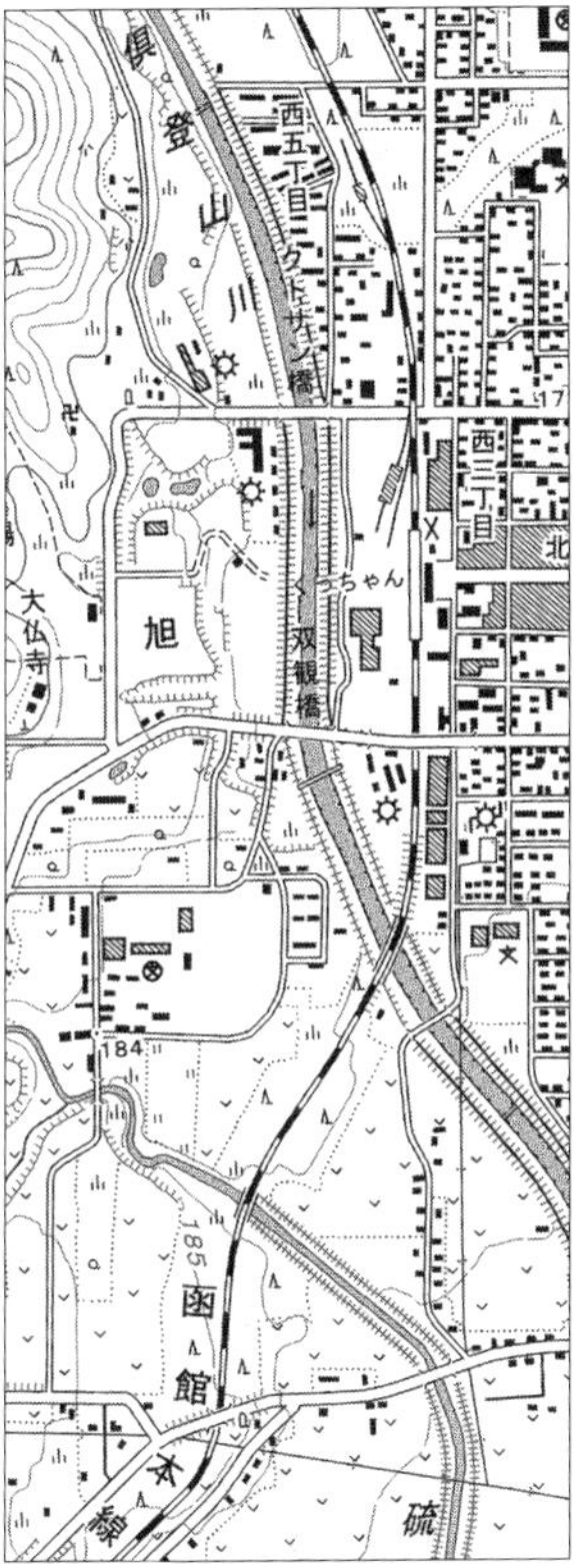

２万5000分の１地形図「ニセコアンヌプリ」（平成17年更新）

逆に視界が利きにくい代表は鉄道防雪林の完備した区間で、たとえば函館本線の豪雪地帯である黒松内《くろまつない》〜倶知安《くっちゃん》〜然別《しかりべつ》などはひたすら森の中を走る印象だが、これらは雪害から線路を守るためにわざわざ先人が植えたものである。車窓を眺めるなどという「平時の楽しみ」を味わいたい旅行者には目障りかもしれないが、それだけ厳しい条件の土地であることをしのぶのも一興である。しかも防雪林は帯状に設けられているので、線路から少し外れれば牧草地や畑などが広がっている。函館本線ならたとえば羊蹄山の見事な姿を拝めるところも多い。時間に余裕があればぜひ途中下車したいところだ。

日本最北端を走る鉄道である宗谷《そうや》本線の抜海《ばっかい》〜南稚内《みなみわっかない》の区間も、植生記号に注目すると興味深いところ。ここは利尻富士《りしりふじ》が見える「絶景ポイント」として有名であるが、地形図を見ると沿線に笹地（篠地）の記号が目立つ。丘陵地へ分け入ると針葉樹林と広葉樹林の記号が多くを占めるが、その分布も植林されたものではなく自然のままだ。横切る小さな川も改修された形跡のない小さな蛇行を繰り返している。

海岸に最も近づくあたりが利尻富士のビューポイントであるが、このあたりも線路の下は崖下まで笹地になっているから、遮るもののない絶景が期待できる。「エノシコマナイ川」や「ウエンナイ川」などというアイヌ語の響きを濃厚に残す川の名の蛇行、それに右に左にカーブを続ける宗谷本線の線路を図上でたどっていくうちに、脳裏には海に浮かぶ利尻富士の雄大な姿が現われるのである。

「絶景」の発見に役立つ地形図

国土地理院の二万五千分の一地形図は四三七一面（平成二五年八月一日現在）で日本全土を覆う「基本図」だが、その中で最も湿原の面積が広いのは「細岡《ほそおか》」という図である。広大な釧路《くしろ》湿原が大部分を占めており、次頁にある図の中央には釧網本線の線路が湿原の輪郭を描くように蛇行している。

この大湿原は、かつて温暖化が進んだ縄文時代にはいくつもの岬に囲まれた湾であった。やがてその湾の入口を沿岸流による砂洲《さす》が塞いで巨大な潟（ラグーン）となり、そこに流れ込む釧路川をはじめとする大小の川が長い時間をかけて泥を堆積させていく。そこに繁茂したヨシなどの植物が長い時間をかけて泥炭化されて形成されたものである。

さて、地形図の製図は戦後しばらくは烏口《からすぐち》で行われていたが、昭和四〇年代にフィル

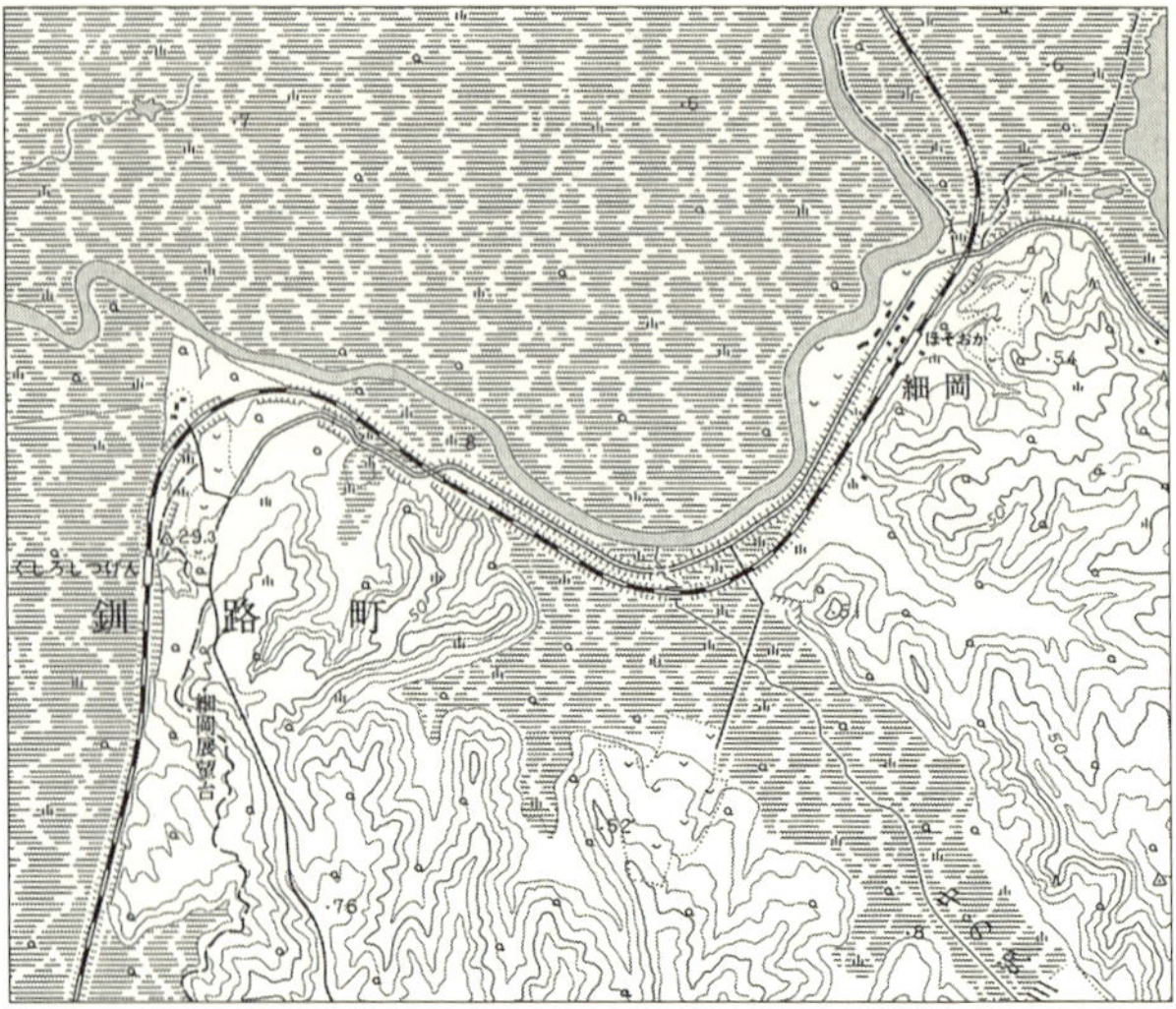

2万5000分の1地形図「細岡」（平成5年修正）×0.7　　盛土部（築堤）

釧網本線の列車は釧路湿原の東縁をなぞるように曲線を描いて進む。写真は釧路湿原～細岡間を単独行する気動車。写真：レイルマンフォトオフィス

ムの被覆を「スクライバー」で削り取る方式に変わって以来、手描きの味のある記号が姿を消していった。昔に比べると地形図の表現は簡素化されたが、湿原の表現だけは今もなかなか芸術的な味わいを残している。密生するヨシやヤチダモなどの灌木《かんぼく》、その合間から水面がチラチラとのぞく特有の景観を彷彿《ほうふつ》させる見事な表現を味わうためには、前頁の図のように一部分だけでなく、ぜひともまるごと一枚を眺めてほしい。五万分の一なら「大《お》楽毛《たのしけ》」で釧路湿原の大半がカバーできる。

この図で印象的なのが、山裾《やますそ》にぴったり寄り添って輪郭を描く釧網本線の線路である。網走《あばしり》行きに乗れば、左手には広大な湿原、右手はずっと山裾の森というパターンが延々と続くが、山裾をたどるのは、しっかりした地盤を確保しつつ進むためだ。当然ながら湿原のまん中に重い汽車を走らせるわけにいかず、多少遠回りでも岬を回り、対岸の「半島」へはやむなく築堤で渡る。

この線形が最も著しいのがこの細岡駅と塘路《とうろ》駅の前後で、両駅の前後では列車がまるっきり逆方向を向くほどの大きな弧を描いている。それほど湿原に線路を通すのは大変なのだが、『日本鉄道請負業史 大正・昭和（前期）篇』（日本鉄道建設業協会）によれば、大正末に行われた工事では塘路駅の手前で地盤が悪いためルートを変更したし、その先の区間では工事中に湿原の中の築堤が〇・九〜一・五メートルも沈んでしまったため、一万八三五〇立方メートルの膨大な土砂を補充したという。

もう二五年以上も前になるが、筆者は湿原を見下ろす場所を探すため、地形図片手に細岡駅に降り立った。線路の背後の山の等高線を読み、「畑・牧草地」の記号があるから絶対に見晴らしが素晴らしいはず、との確信をもって行ってみると、想像通りの眺望が眼前に広がった。すでに地元では知る人ぞ知る展望台だったらしいが、その後は直下に釧路湿原駅が設置された。

根室本線では厚岸《あつけし》〜糸魚沢《いといざわ》にある別寒辺牛川《べかんべうしかわ》の大湿原。語源のペカンペ・ウシュはアイヌ語で「菱《ひし》の実のある（多い）所」を意味するそうだ。この区間では一部国道四四号と並走するところもあるが、根室行きの列車に乗って車窓右側には別寒辺牛川の本流が堤防もなく自然のままに流れ、支流や分流がどうなっているのか一見しただけではわからない茫《ぼう》漠《ばく》とした風景が広がる。対岸のとりとめなく続く丘陵地や、目の前の風にそよぐ葦原《あしはら》、時おり上空を渡っていく鳥の群れなど見ていると、日常の細かいあれこれを忘れさせてくれる。

湿原に描かれた無数の青い線を見つめているうちに、そんな風景を想像できるのも地形図の効用だ。

地形図から読み取るケーブルカー

ケーブルカーは日本語では鋼索鉄道《こうさくてつどう》という。通常は文字通り鋼索（ケーブル）が釣瓶《つるべ》の錘《おもり》の役割を果たす車両を両端に付け、モーターでこれを上下させる仕組みで、中間部に行き違うための複線部分が設けてある。上下線は一体なので「下り線が遅れておりますので少々お待ち下さい」ということはあり得ないのだが、ちょうど良い具合に狭い所ですれ違うと、なぜか「うまいもんだ」と感心してしまう。

中間駅はないものが多いが、箱根登山鉄道（強羅《ごうら》〜早雲山《そううんざん》）のように途中に四つもの駅が二〇〇〜三〇〇メートルおきに設けられているものもある。この場合は片方が駅に停車した時に必ずもう一方が駅に停《と》まらなくてはならないので、駅の配置は「上下対称」になっている。次頁上にある地図を見れば、駅の間隔がそのように配置されていることが一

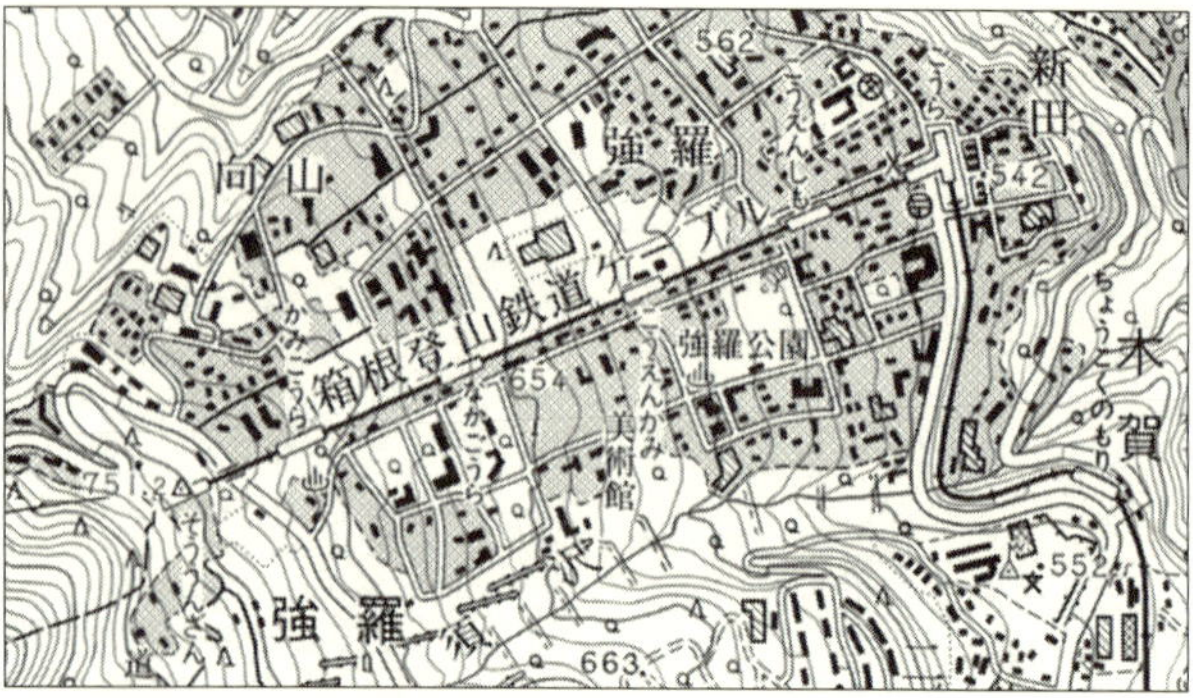

２万5000分の１地形図「箱根」（平成13年修正）×1.1

強羅付近をゆく箱根登山鉄道のケーブルカー。この地点での勾配は133パーミルだが、終点近くの200パーミルまで徐々に急になる。写真：今尾恵介

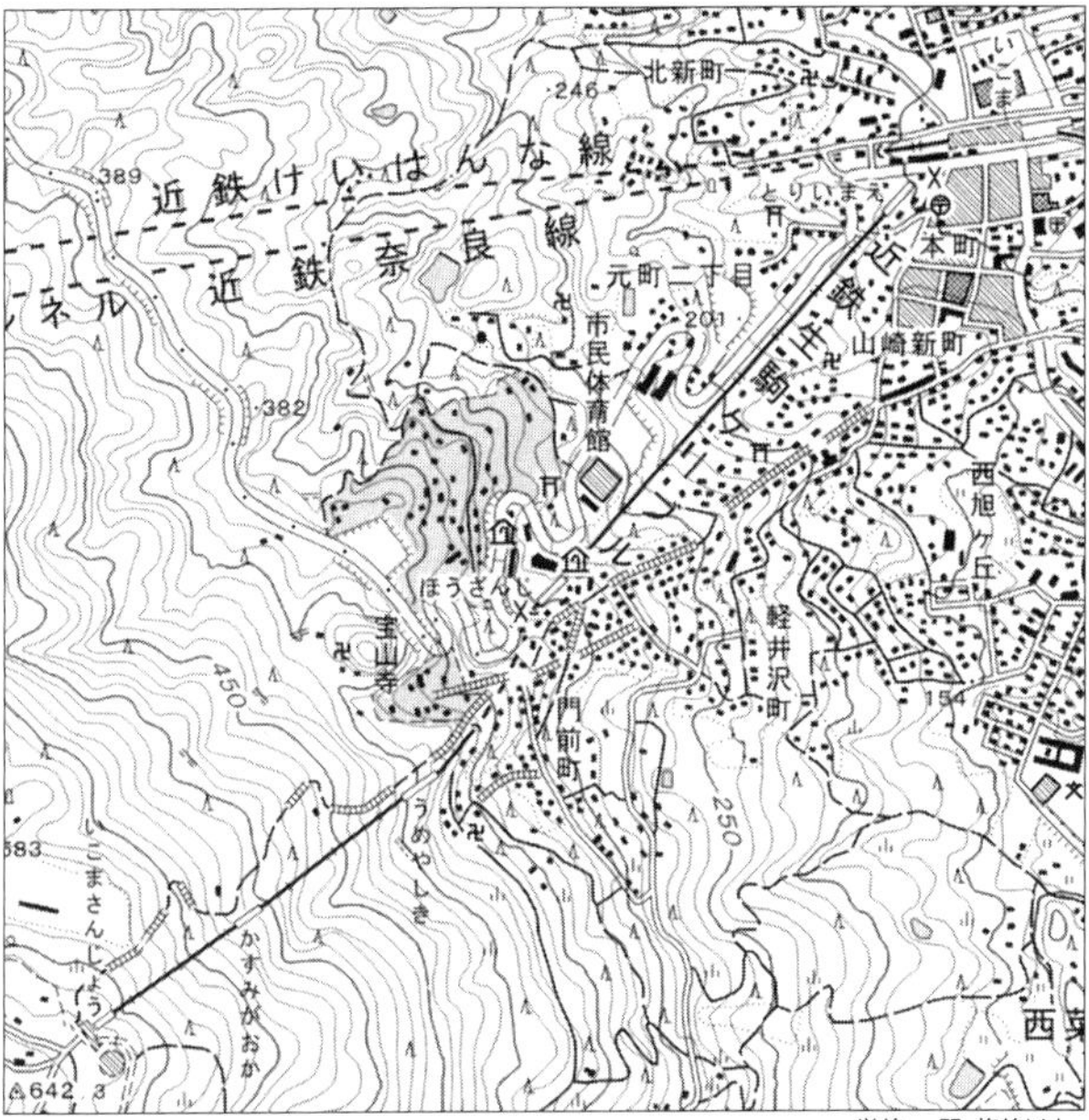

２万5000分の１地形図「生駒山」（平成18年更新）
×1.1
日本唯一の複線ケーブルカー（鳥居前〜宝山寺）
が走る生駒山。

目瞭然《りょうぜん》だ。大正一〇年（一九二一）開業という古い路線だが、強羅の別荘地・公園の中を通るため、急勾配の坂道を歩く苦労を除くべく、短い間隔で駅を設置したのだろう。これは実際に線路に沿って歩いてみると、その有り難みがわかる。

近畿日本鉄道が経営する生駒山《いこまやま》のケーブルは、前頁の地図で見ると駅の配置が「上下非対称」である。どうなっているのかと疑問に思われるかもしれないが、これは宝山寺線《ほうざんじ》（鳥居前《とりいまえ》～宝山寺）と、山上線《さんじょう》（宝山寺～生駒山上《いこまさんじょう》）が別々であるためだ。地形図でケーブルカーは普通鉄道（JR以外）の記号が用いられるが、よく見ると宝山寺線だけ複線の表記になっている。これは間違いではなく、日本唯一の「複線ケーブルカー」だから。ただしこの複線は「同じ釣瓶」に所属するものではなく、普通のケーブル（単線二両交走式）が別々に並行して敷設されており、通常は片方のみの運行で、正月などの多客期や点検時にもう一方が活躍する。だから中間の行き違い部分が「複々線」の様相を呈しているのは言うまでもない。ついでながら、生駒山のケーブルは沿線の宅地化が進んでいて、珍しく踏切が存在する。それも両線で合計五か所。

変わり種としては駅も線路もすべて地下という立山黒部貫光《たてやまくろべかんこう》の黒部ケーブルカー。富山

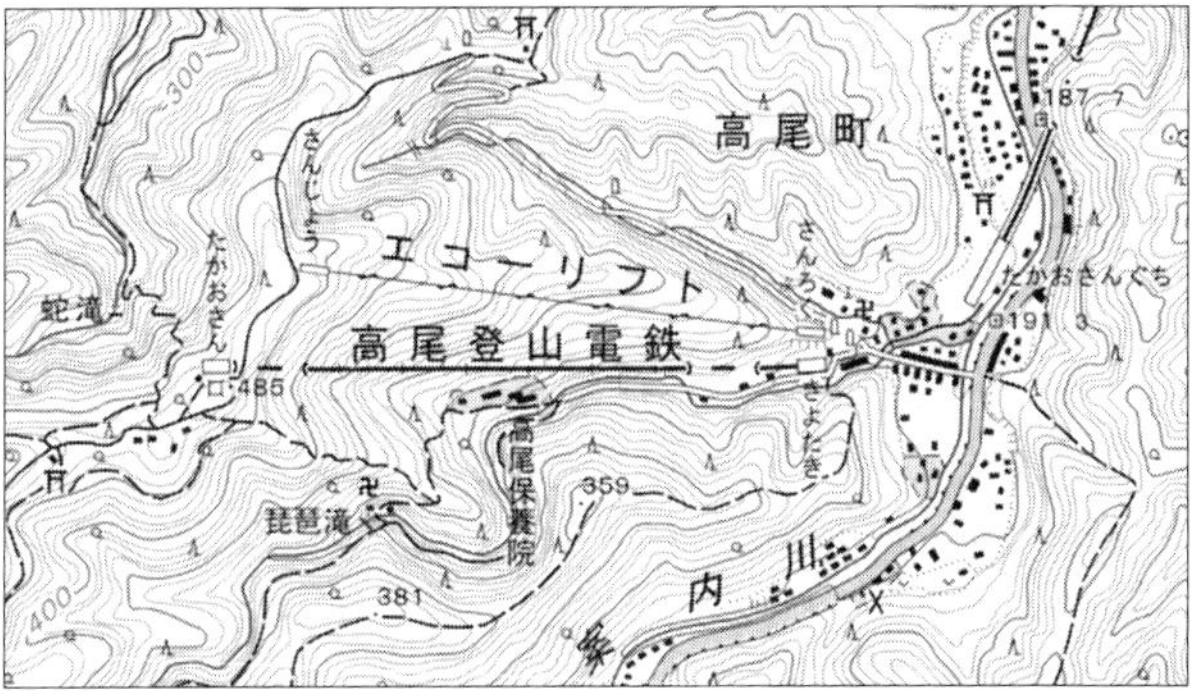

２万5000分の１地形図「八王子」（平成19年更新）×1.1

市と長野県の大町市を結ぶ立山黒部アルペンルートの一部であるが、豪雪地帯であることや、景観に配慮した結果、珍しい「地下鉄ケーブル」になった。

　地形図があればケーブルのおよその勾配を測ることもできる。たとえば高尾登山電鉄の場合、等高線の読み取りで清滝《きよたき》駅が約二〇五メートル、高尾山駅が約四七〇メートル（高低差二六五メートル）で、水平距離が約九八〇メートルだから、平均勾配二七〇パーミルと算出できる。ただしケーブルの路線の断面はおおむね放物線状を成しており、高尾の場合は特にその差が大きい。清滝付近で一〇五パーミルなのに対し、終点直前は日本の現役ケーブルとしては最急の六〇八パーミル（斜度三一度一四分）に達する。これは乗っていてもなかなかの迫力だ。

第二章　過酷な道程を進む鉄道

川の蛇行に忠実に進んでいく鉄道

トロッコ列車が走る大井川鐵道《てつどう》井川《いかわ》線は峡谷の眺望に定評があるが、大井川にぴったり寄り添いながらゆっくり走って千頭《せんず》駅から三つ目、茶畑の傍らにある土本《どもと》駅を過ぎると列車は最初に左カーブした後に右へ右へと曲がり続ける。その結果、土本駅を真北に向かって出発したはずなのに、次の川根《かわね》小山《こやま》駅ではほとんど真南を向いてしまうのだ。

それは次頁の地形図で明らかなように、大井川の本流が大きく蛇行しているのに合わせて線路も曲がっているからである。ちなみに土本・川根小山の両駅は直線距離で六五〇メートルのところ、線路は倍以上の一・九キロに及ぶ。スピードが遅いこともあり、これだけ曲がっていることは列車に乗っていると気付きにくいのだが、それにしても大井川の曲がり方は激しい。特にこの大蛇行の東側にはさらに大きな蛇行が待ち構えており、間もなく地面が切れて川が短絡しそうで、「細尾《ほそお》」などという、この状況にピッタリの地名も見える。

山中で大きくのたうつ曲流は「嵌入《かんにゅう》蛇行」と呼ばれ、穿つという字を使って「穿入《せんにゅう》蛇

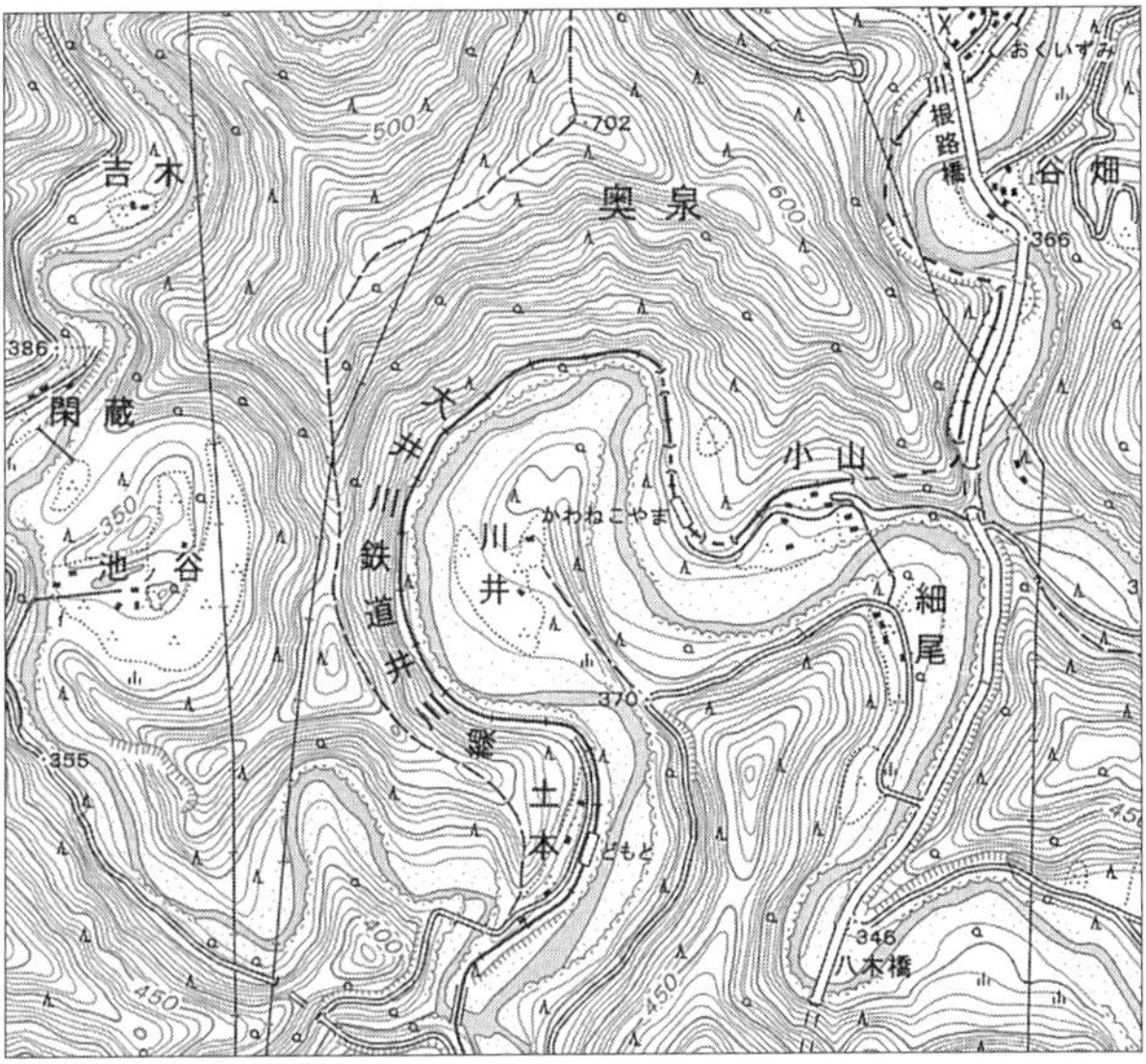

２万5000分の１地形図「千頭」（平成17年更新）

激しく嵌入蛇行する大井川の流れに沿って蛇行する大井川鐵道井川線の線路。写真：レイルマンフォトオフィス

行」とも称される通り、川は谷底を深く穿って流れている。ところがこんな流れになったのは大井川が山を崩しながら「彫刻」したためではなく、にわかには信じられないことだが、太古の昔は平地だったという。かつてその平坦地は海面に近い高度にあり、そこを太古の大井川は遅い流速で自然に平地を蛇行していた。ところが地盤の上昇、または氷河期などによる海面の大幅な低下によって流速を増し、その曲線形を保ちつつ下向きに河床を削ってできたのが、この山中の大曲流なのだという。

線路が半周する蛇行のまん中で島になりそうなところ（川井という地名）は、あと何千年かすれば切れてショートカットされるかもしれないが、そうして取り残されたイチジク形をした山は「環流丘陵」（または繞谷《じょうこく》丘陵）と呼ばれる。尾根を隔てた西側の「池ノ谷」にはすでに環流丘陵の先輩がいるが、その環流丘陵の周囲の低地はショートカットされる以前の旧河道で、地形図によれば茶畑として用いられている。ここ以外にも大井川中上流にはこの地形が数多くあり、奥泉《おくいずみ》や千頭などの集落も環流丘陵の周りの旧河道に立地している。急斜面ばかりの山の中ではこのような旧河道に由来する平地は貴重なのだ。

井川線は戦前にアプトいちしろ駅付近にある大井川ダムの、戦後はさらに上流の井川ダ

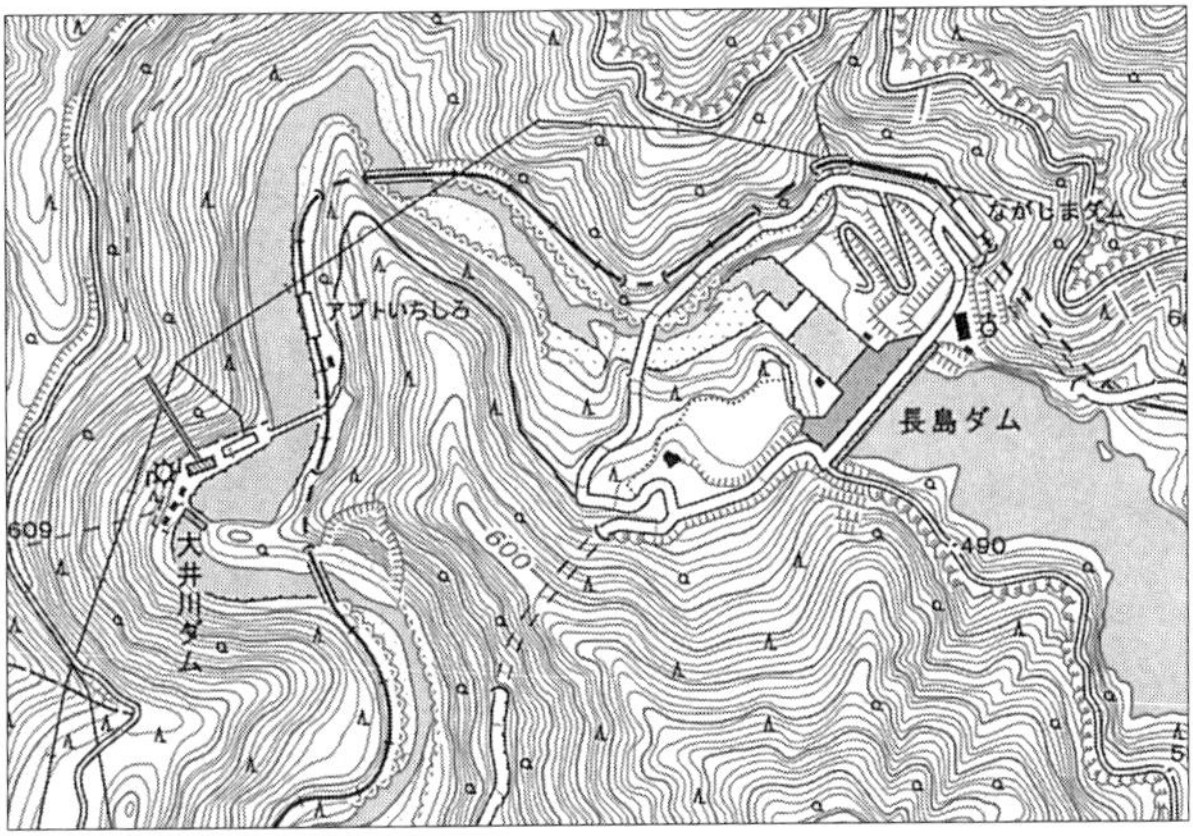

2万5000分の1地形図「千頭」（平成17年更新）

ムを建設するための資材・人員運搬用に敷設された専用鉄道なのでスピードは二の次。まずは険しい崖にへばりついてようやく線路を敷けるだけのスペースを確保しただけ、という線路なので蛇行に忠実なのであるが、このため千頭から寸又峡《すまたきよう》温泉の入口・奥泉まで、バスなら対岸のトンネル経由でわずか一〇分のところを、列車だと三〇分もかかる。急ぐ人はバスに乗るだろうが、トロッコ列車に乗る人は川沿いにゆっくり走るからこそ味わえる峡谷風景を、存分に堪能するために来ているのだから文句はないだろう。

　井川線の嵌入蛇行を眺めるポイントは長島ダム（接岨湖《せっそこ》）の先にもある。日本の鉄道では最高の高さ七〇・八メートルに及ぶ「関《せき》の沢《さわ》橋梁」を過ぎた後、閑蔵《かんぞう》駅の先だ。地形図によればこの森の中の小駅の北側には環流丘陵があり、線路が通っているのははるか昔の旧河道であるが、そんなことは鬱蒼《うつそう》たる森ばかりの車窓を見ているだけではわからない。

その閑蔵駅を出た列車は間もなく右手はるか下に大きく蛇行する大井川の本流を見下ろすことになるが、その形態からVライン、Uラインと車内放送で案内される峡谷の高さは約一〇〇メートルに及ぶ。よくぞこんな断崖絶壁に線路を敷いたものである。井川までのひと駅は五キロながらトンネルが二〇か所と実に多く、全部で六一か所ある井川線のトンネルの三分の一を占めている。こんな深山幽谷の先に集落があるのか不安に思い始めるあたりで終点の井川駅。ここに住家は見あたらず、人里があるのはさらに一キロほど遡ったところにある小平地。それでも静岡市葵《あおい》「区」だというから、さすが昨今の政令指定都市は違う。

鉄道でしか行けない「秘境駅」を探す

飯田線にはトンネルが一三八か所もある。特に多いのが静岡県境に近い愛知県の三河川《みかわかわ》合《い》駅から長野県の天竜峡《てんりゅうきょう》駅までの七一キロで、ここにその大半が集中している。この区間の工事は峡谷の断崖絶壁にやっと路盤の幅を削り出す難事業であったが、山裾を縫う線路のたくさんの「縫い目」がこのトンネル群であり、駅はその縫い目のわずかな隙間に設けられている。

大嵐《おおぞれ》もそんな駅の一つで、全線最長の大原トンネルの西口にある。「おおぞれ」のソレ（ソリ）は焼畑に関連する地名用語で、伝統的な焼畑が古くから行われてきた土地に付けられることが多い。焼畑でソラシ畑といえば、焼いて耕作して自然に還《かえ》す（次に別の場所を焼く間に以前の場所を復元）ローテーションのうち、自然に還す段階を指す。

近くには夏焼という、やはり焼畑関連と思われる地名があるが、この地方には他にもかつて焼畑が行われた集落が点在しており、私鉄が結合して誕生した経緯のある飯田線にはそれらの集落にも最大限のサービスをすべく駅が設置された。このため自動車で入る道がなく、電車でしかたどり着けない駅が今も存在する。

平成五年（一九九三）、皇太子御成婚の際、皇太子妃の旧姓と同じ（読みは違うが）で注目された小和田《こわだ》駅もその一つで、今は駅の近くに人家は一軒しかない。私が一〇年ほど前

駅前に自動車道が通じていないので、電車でしかたどり着けない飯田線小和田駅。駅は静岡県内だが対岸は愛知県、少し北上すると長野県に入る。沿線は佐久間ダムのため水没。人口は激減した。写真：今尾恵介

に訪れた時には駅前に商店の廃墟《はいきょ》があったが、昭和三一年（一九五六）に佐久間《さくま》ダムができる以前は、川沿いに少しまとまった集落があったので、乗降客もそれなりにあったという。しかし、ここ数年は一日あたりの平均乗車人数はわずか五～七人で推移している。駅の所在地はかつて静岡県磐田《いわた》郡水窪町《みさくぼちょう》であったが、平成一七年（二〇〇五）に浜松市に編入された。今では同市の天竜区で、政令指定都市の行政区内とはなんとも不釣り合いだ。

　最近ではこの種の駅を「秘境駅」などと呼び、そこを目的地にする人も増えて

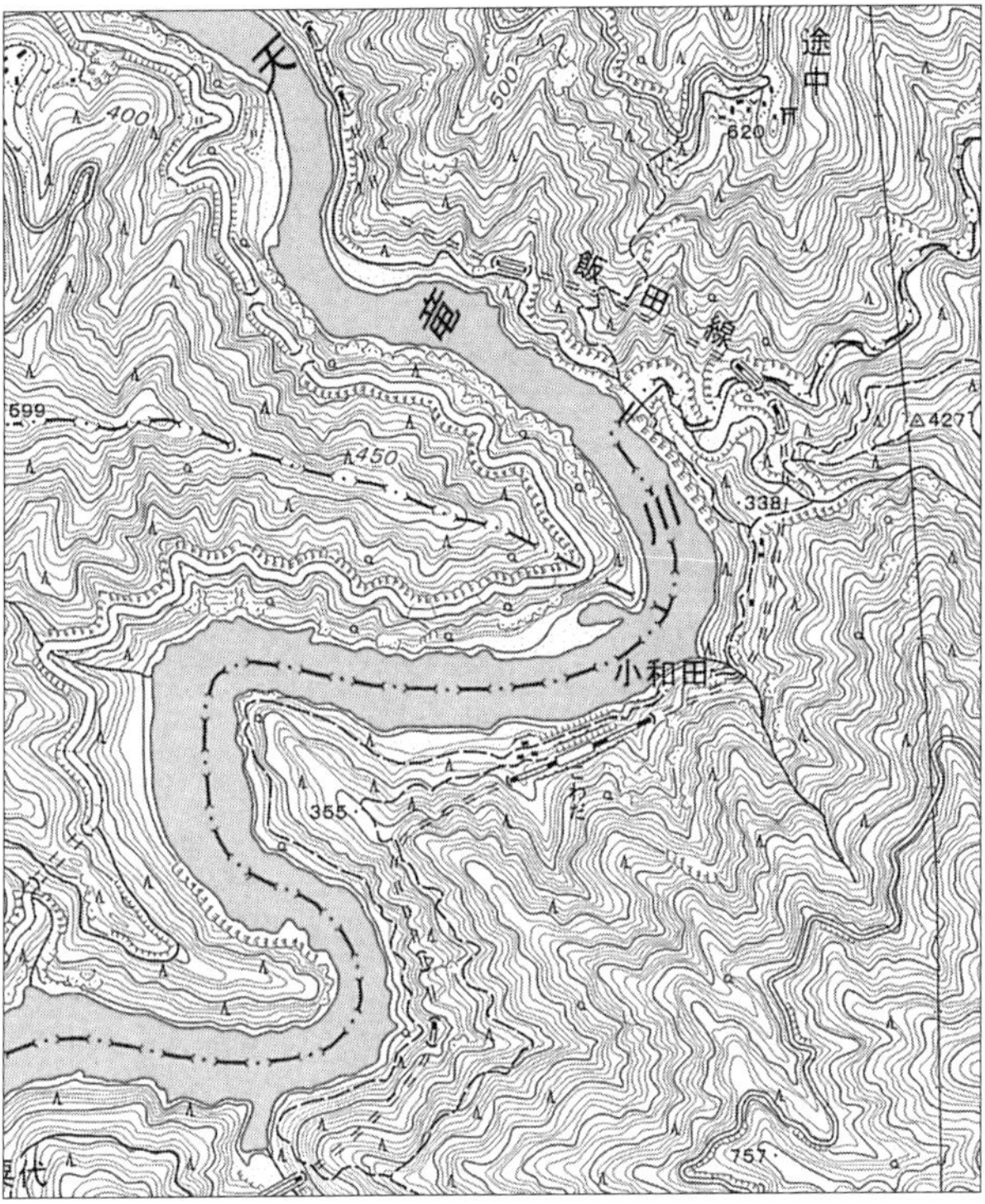

２万5000分の１地形図「三河大谷」(平成19年更新)

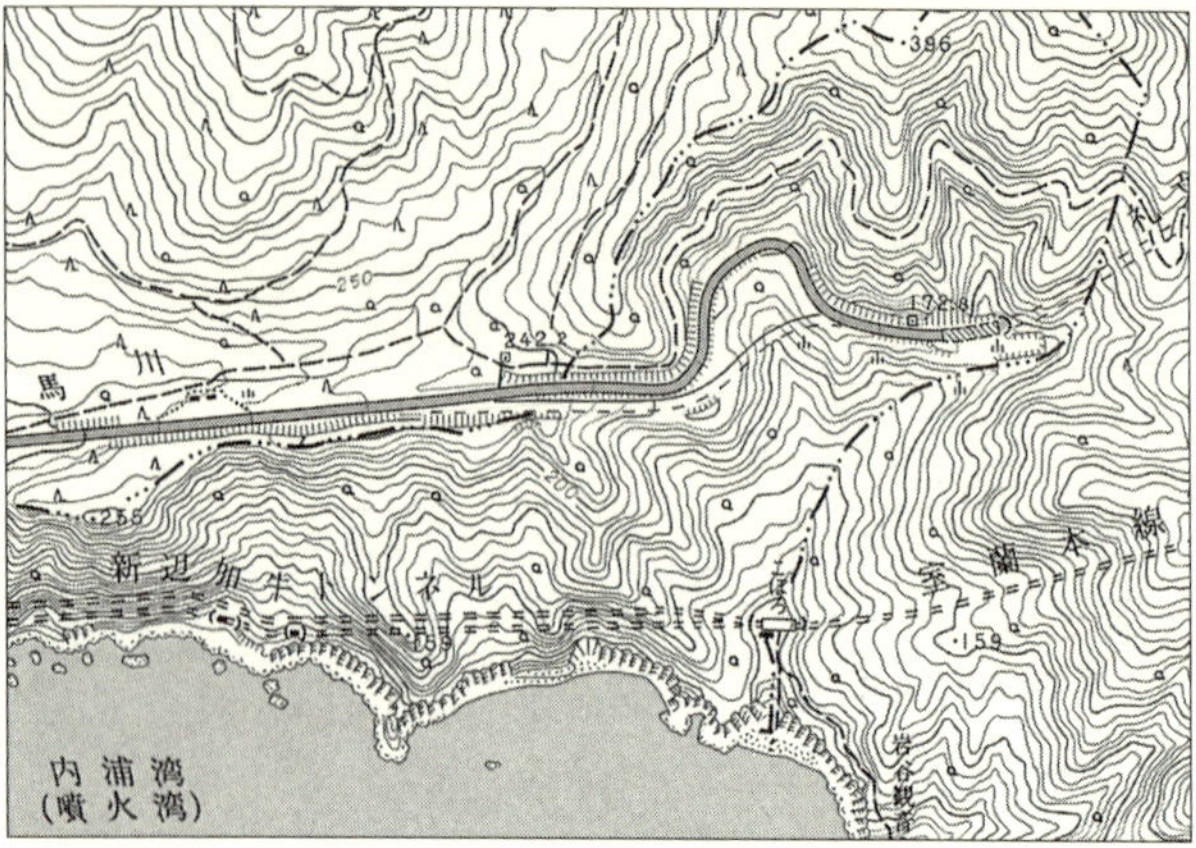

２万5000分の１地形図「礼文華峠」（平成12年修正）×0.9

きたようだ。秘境駅かどうかの基準は人さまざまのようだが、駅の周囲の状況を調べるためには二万五千分の一地形図を見ればよい。たとえば前頁の小和田駅のように破線の道（徒歩道）しか通じていなければ、必然的にクルマは入れないことがわかる。

北海道・室蘭《むろらん》本線の小幌《こぼろ》駅は、もとは信号場として設置されたが、昭和四二年（一九六七）に仮乗降場となった。内浦湾に面した断崖絶壁区間のトンネルに挟まれた場所で、大正末の建設工事では資材をすべて海上輸送したという。人家はもちろん皆無、利用するのは釣り人か物好きな鉄道ファンぐらいのものらしい。やはり幹線である四国・土讃《どさん》線の坪《つぼ》尻《じり》駅は、クルマの走れる道から少し歩かないとたどり着けない谷底だ。ここは讃岐《さぬき》山脈の南斜面の急勾配区間にあり、四国では現在二か所しかないスイッチバック式の駅の一つである。特急は駅から外れた本線を素通りしてしまうので、乗客もよほど気をつけていないと駅の存在に気付かない。

大井川鐵道井川線の尾盛《おもり》駅は、二万五千分の一地形図によれば「徒歩道」すら描かれていない。かつては丸太を積み込む風景も見られたそうだが、今や鬱蒼たる森の中に静まり返っている。前述のとおり、この線は井川ダム工事のための人員・資材運搬線として建設されたものなので、深山幽谷の沿線にはもともと人口が希薄である。今では、ここを走る「トロッコ列車」の多くが観光客なので尾盛駅で乗り降りする人はほとんど見られない。やはり「トロッコ電車」が走る黒部峡谷鉄道も、同様に電源開発用に敷設されたが、地形は井川線以上に険しく、並行する自動車道路も皆無のため、その意味では起点の宇奈月《うなづき》駅以外の全駅が第一級の「秘境駅」だ。

等高線で読み取る急勾配の路線

叡山《えいざん》電鉄はなかなかの急勾配路線である。現在のJRにおける最急勾配が飯田線の四〇パーミル（長野県の沢渡《さわんど》〜赤木《あかぎ》。ごく短距離）であるのに対して、叡山電鉄の最急勾配は五〇パーミルだ。出町柳《でまちやなぎ》から二軒茶屋《にけんちゃや》までは複線区間で洛北《らくほく》の郊外風景の中を行くが、その先の市原《いちはら》、二ノ瀬《にのせ》と進むにつれて五〇パーミルが目立つようになる。両側には山が迫り、いよいよ登山電車らしい雰囲気となる。その山々の紅葉は有名だが、足下の線路にも少しは注目してほしい。

私鉄の中で、身軽で勾配に強い電車が開業当初から走っている路線の中には、このような急勾配を持つ路線がいくつかある。「五〇パーミル超級」の代表的な私鉄（ケーブルカー、アプト式などを除く）を挙げてみると、まずは日本一の急勾配で知られる箱根登山鉄道。こちらは最急勾配というよりも標準的な勾配が八〇パーミルだから別格だ。大正八年（一九一九）以来ずっと破られていない「日本最急勾配」である。

さすがに八〇パーミルは箱根だけだが、五〇パーミルならいくつかある。その筆頭が神戸電鉄だろう。同社の有馬《ありま》線は起点の湊川《みなとがわ》駅からいきなり五〇パーミルが始まり、例外的な区間を除いてほとんど五〇パーミルが標準勾配となっているので、起点からわずか七・五キロの鈴蘭台《すずらんだい》の標高は二七八メートル、駅の区間を含めた平均勾配も三七パーミルにのぼる。源平合戦で源義経が馬に乗って一気に駆け下りたという「鵯越《ひよどりごえ》」も駅名になっているくらいだし、戦前には「関西の軽井沢」として、分譲地を涼しいイメージで売り出したのも納得できる。

その次が南海電鉄高野《こうや》線である。和歌山県の橋本《はしもと》駅から紀ノ川を渡り、高野下を過ぎると五〇パーミルが頻出し、上古沢《かみこさわ》から先の七キロ区間は大半が五〇パーミルだ。次頁の図で上古沢から南へ線路をたどると等高線を頻繁にまたいでいることがわかる。図化の誤差のため必ずしも線をまたいだ部分が等高線の高さとは限らないが、平均勾配ならかなり正確に測れる。図上で上古沢駅の標高を読み取れば約二三〇メートル（実際は二二九・七メートル）、紀伊細川《きいほそかわ》駅が約三六五メートル（実際は三六二・九メートル）で、この標高差を駅間距離三・〇キロで割れば、平均勾配は四五パーミルと算出できる。

これらの鉄道はいずれもブレーキを何重にも備え、最急勾配地点に止まった満員電車で

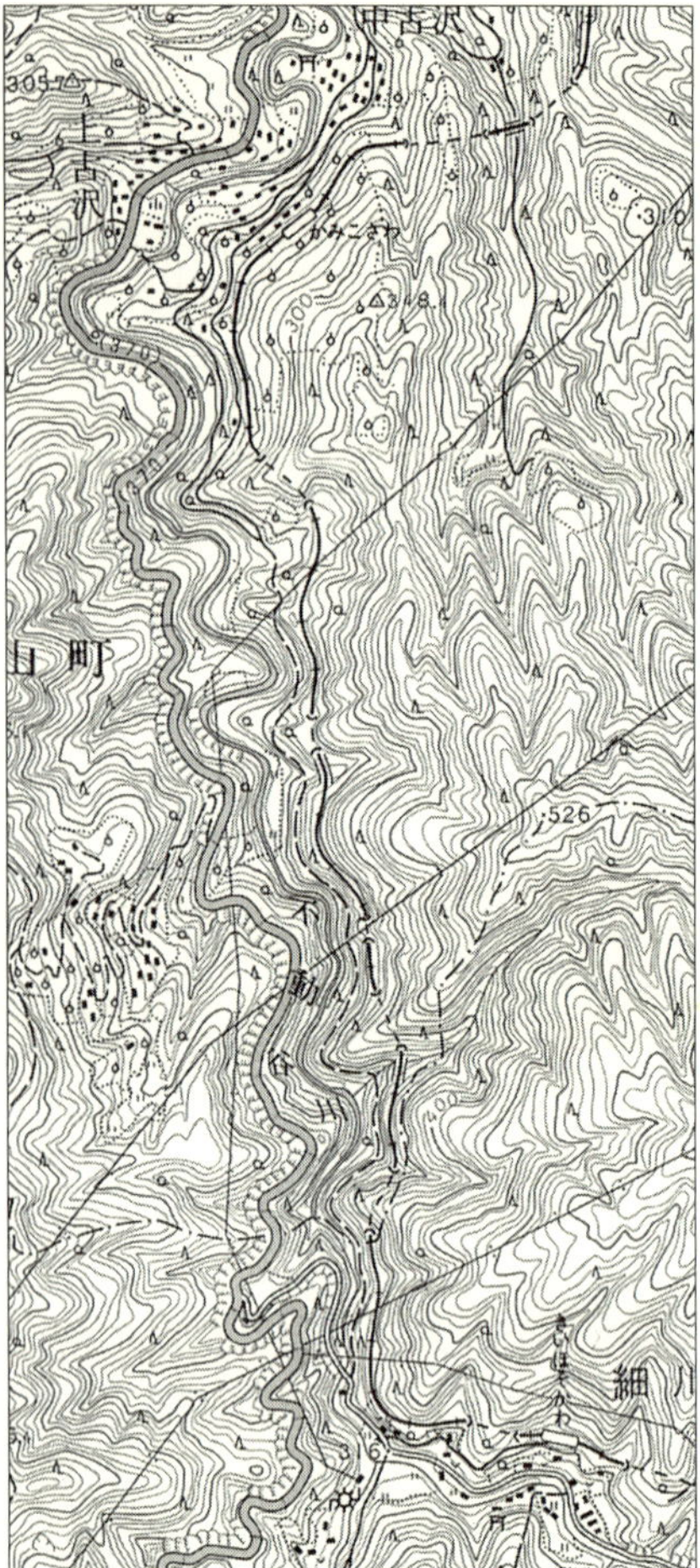

2万5000分の1地形図「橋本」「高野山」
（ともに平成12年修正）

も発進させられるなど、厳しい条件をクリアした車両を使うことにより当局に特別認可された路線である。

その他の「五〇パーミル超級線」としては意外かもしれないが黒部峡谷鉄道（狭軌）がある。意外というのは、この鉄道では誰もが峡谷の険しさ、スリル満点の断崖絶壁の車窓に釘付けになってしまい、勾配にまであまり頭が回らないから。特に猫又《ねこまた》駅付近から先は四〇～五〇パーミルが頻出する。また京阪電車の京津《けいしん》線にも、京都・滋賀の府県境近くの大谷《おおたに》駅付近、ここは歌によく詠まれた逢坂《おうさか》の関に近い場所であるが、ここに瞬間的ながら六一パーミルが登場する。これは箱根登山鉄道に次ぐ急坂だ。ちなみに京津線が地下化される平成九年（一九九七）一〇月までは蹴上《けあげ》～九条山《くじようやま》の旧東海道と並行して走る区間に、短いながら六六・七パーミル、つまり旧国鉄最急勾配であった信越本線の横川《よこかわ》～軽井沢《かるいざわ》の碓氷《うすい》峠と同じ勾配が存在した。

参考までに、機関車や電車の車軸に取り付けられた歯車とレール間に設けられた歯軌条を噛《か》み合わせるアプト式などでなく、レールと車輪の間の粘着力だけで登る「粘着式」の鉄道の世界一の急勾配は、オーストリアのペストリンクベルク鉄道の一一六パーミルとする資料が多い（路面電車を含めればポルトガル・リスボン市電には一三〇パーミル程度の区間が存在する）。日本唯一のアプト式で知られる大井川鐵道井川線は九〇パーミルだから、それ以上の勾配を自力で登っていることになる。

この鉄道はドナウ川に面したリンツの町の北側のペストリンクベルクの山上にある巡礼教会へ登る四・一キロの短い路線で、一八九七年の開業。当初はメーターゲージ（軌間一メートル）の独立した登山電車であったが、二〇〇九年にリンツの都心部へ直通できるよう市電の路線に合わせて九〇〇ミリに改軌、現在では新しい車両が超急勾配をものともせずにスイスイと走っている。

豪雪地帯ならではの地図記号とは?

只見《ただみ》線は日本でも有数の豪雪地帯を走る路線である。特に福島県境に近い新潟県側は狭い峡谷を六十里《ろくじゅうり》越《ごえ》トンネルに向けて遡っていく区間（平成二三年七月の豪雨のため、同二五年九月現在会津《あいづ》川口《かわぐち》～只見が不通）で、県境をまたぐ大白川《おおしらかわ》～田子倉《たごくら》（駅は平成二五年三月廃止）は一四・二キロもあり、人家は皆無である。片側に渓流、もう一方に見上げるような崖という眺めの中を列車は黙々と上っていくが、険しい地形ゆえに雪崩《なだれ》を防ぐための雪覆いが多数設けられており、地形図では線路上を斜線で覆った記号で表現されている。

この記号、実は雪覆いや落石覆いに限らず、他にもいろいろな分野で使われているのをご存知だろうか。地形図では「建物類似の構築物」という扱いで、鉄道ではプラットホームの屋根部分、ドーム型を除く野球場の屋根部分（甲子園のアルプススタンドなど）、ガスタンク、畜舎、温室、動物園の檻《おり》など非常に守備範囲の広い記号で、かつて地図業界では「無壁舎《むへきしや》」と呼ばれていた。他にも具体的にはゴルフ練習場（打ちっ放し）のスタンド部分、トラックターミナルの上屋部分、青果市場などさまざまな施設に応用されている。

線路にこれが重なっていれば雪覆い・落石覆いと解釈してよいのだが、都市部の駅ならプラットホームの屋根部分である。ただし只見線の田子倉駅に長々と描かれたこの記号（次頁上図）は「ホームの屋根」ではなく、雪覆いが駅全体を覆った結果、図らずもホームの屋根になったと解釈すべきだろう。

北海道の石勝《せきしよう》線や石北《せきほく》本線などの信号場で、ポイント部分を覆うシェルターもこの記号だ。この場合は列車が行き違うための複線部分の前後にポイントがあるため、シェルタ

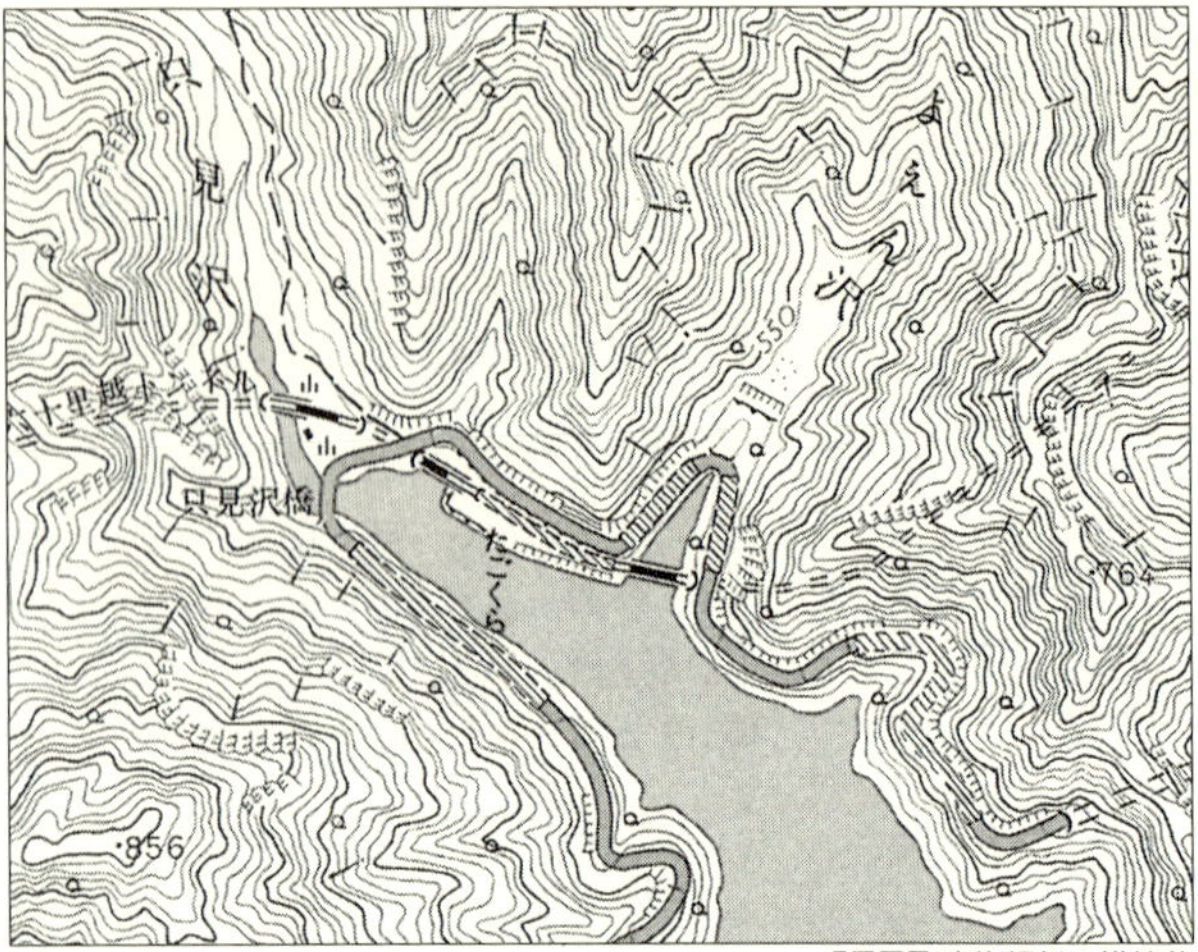

建物類似の構築物

2万5000分の1地形図「田子倉湖」(平成12年修正)×1.2

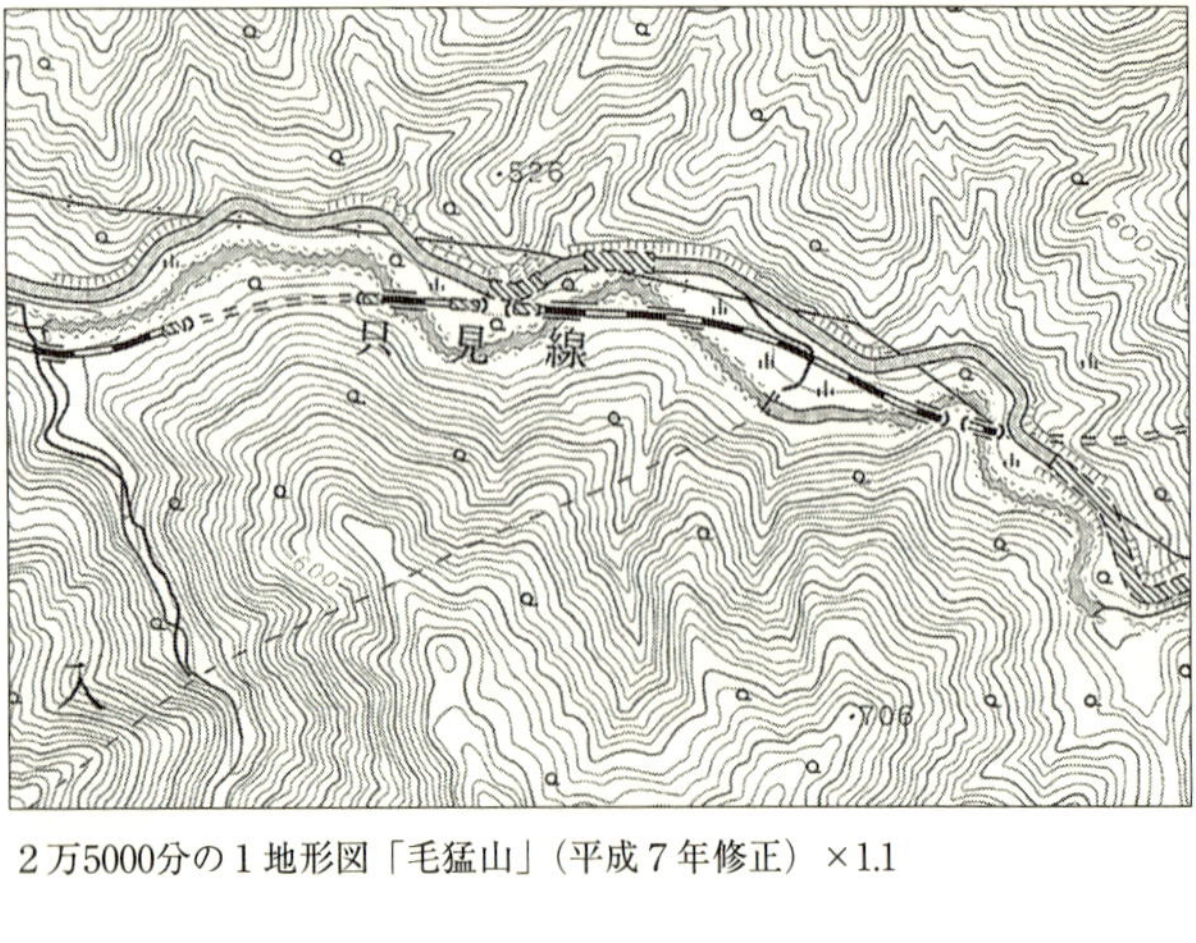

2万5000分の1地形図「毛猛山」(平成7年修正)×1.1

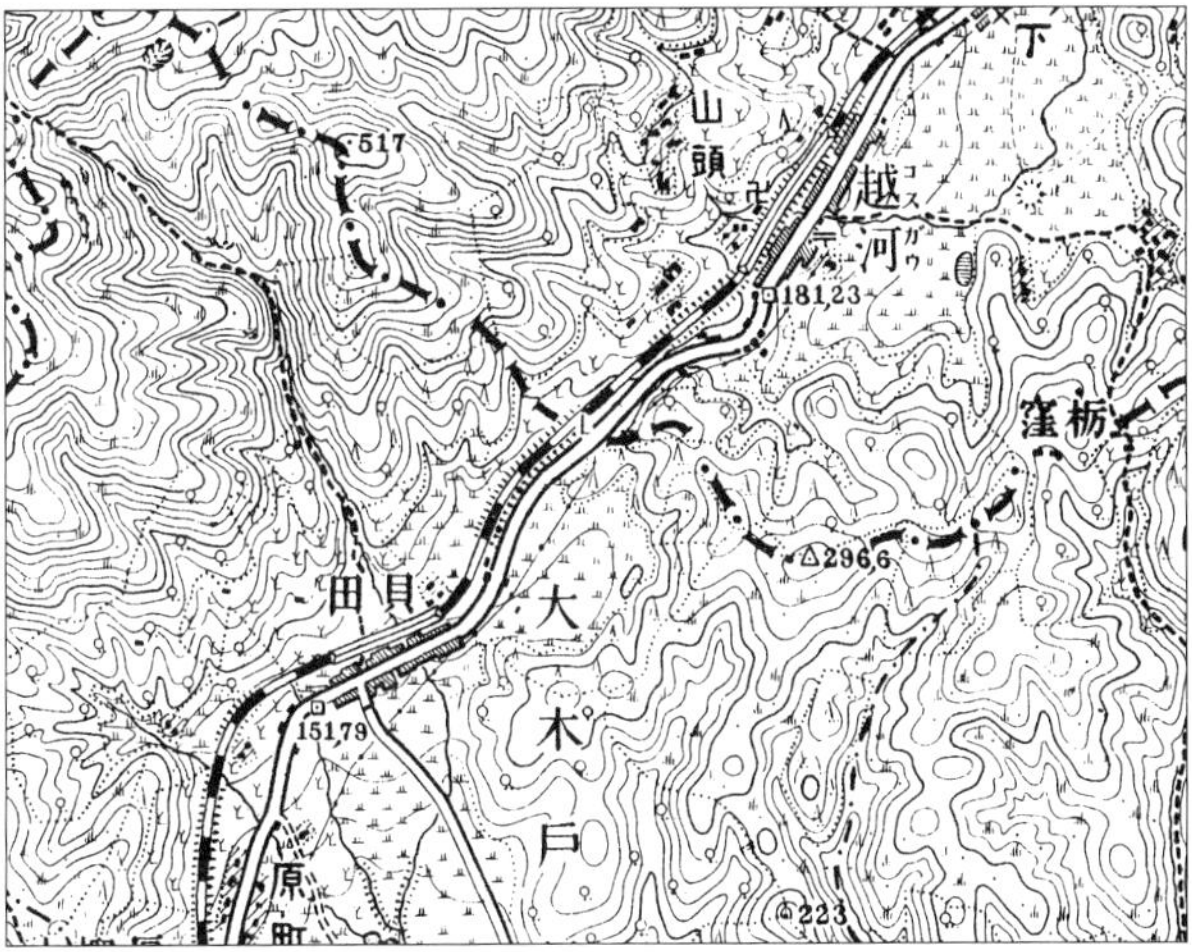

5万分の1地形図「桑折」（昭和8年要部修正）×1.1

ーは必ず二つが組になっている。厳密にいえばこの二つのシェルターの間は複線だから記号もそうなっていなければならないが、実際には「単線」の表示になっていることが多いのは少々残念だ。

　前頁下の図は只見線の大白川～田子倉間、末沢《すえざわ》川を遡る区間であるが、雪覆い記号がいくつも使われている。実際にはこれより多い印象だが、図に表現されにくいのは、断崖絶壁で木に隠れるなど空中写真に全部写らないのがその原因かもしれない。雪国ではこの図のようにトンネルの出入口に雪覆いが設けられている箇所も多く、二つのトンネルの間が短い場合はその間が全部雪覆い（落石覆い）だったりするため、トンネルをいくつ通過したかわからなくなる場合もある。黒部峡谷鉄道などは雪覆い（落石覆い）とトンネルが渾然《こんぜん》一体となっている区間がかなり多く、全部でトンネルがいくつあるのか、乗っていて数えることはほぼ不可能である。

前頁の図は戦前の地形図で、東北本線が福島盆地から白石《しろいし》へ越える峠の部分である。線路はこの福島・宮城県境がピークであるが、陸羽《りくう》街道に沿って見える貝田《かいだ》・越河《こすごう》の二つの集落のすぐ脇を通過する線路に、昔の図式による「雪覆い等」の記号が描かれている。

ここは二五パーミルの急勾配が峠の前後に続き、蒸気機関車時代は濛々《もうもう》たる煙に包まれる難所であった。このため飛び散る火の粉を防ぐためにも、特に密集した二集落の部分に設けたと思われる。この覆いは「散火囲」と称し、北側の越河散火囲は全長が五八〇メートルもあった。もちろん電化されて久しい今は存在しない。ちなみに越河駅がこの集落の中心から二キロ以上も北に設けられたのは、宿場からの反対運動のためではなく、列車を停められる平地が確保できなかったからと思われる。

中央分水界を越えていく鉄道

陸羽東線《りくうとう》（小牛田《こごた》〜新庄《しんじょう》）と仙山線《せんざん》（仙台〜羽前千歳《うぜんちとせ》）はどちらも奥羽《おうう》山脈を越えて起点と終点を結んでいる。奥羽山脈は東北地方を南北に貫く長さ五〇〇キロに及ぶ大山脈で、長く連なる稜線《りょうせん》は本州の中央分水界を成している。中央分水界とは、降った雨が太平洋へ注ぐ流域と日本海へ注ぐ流域を分けるラインで、青森県から山口県まで、本州の中央部を曲がりくねって続いている。

中央分水界を越える鉄道としてわかりやすいのが上越線の清水トンネルだ。上越新幹線でもよいのだが、冬に群馬県側から「国境の長いトンネル」をくぐるとたちまち雪国になる。ここには険しい三国《みくに》山脈（越後山脈）が聳《そび》え、その両側で気候がかなり変わるので中央分水界越えを実感できる場所だ。

ここに限らず、中央分水界の山並みを越える鉄道はたいてい急勾配区間が続き、最終的に峠の下をトンネルでくぐるパターンが多い。奥羽本線・山形新幹線の板谷峠《いたや》（板谷〜峠《とうげ》）も急勾配が延々と続くため、以前はスイッチバック駅が赤岩《あかいわ》、板谷、峠、大沢《おおさわ》と四つも連続していたし、旧信越本線の碓氷峠区間（横川〜軽井沢）は六六・七パーミルとい

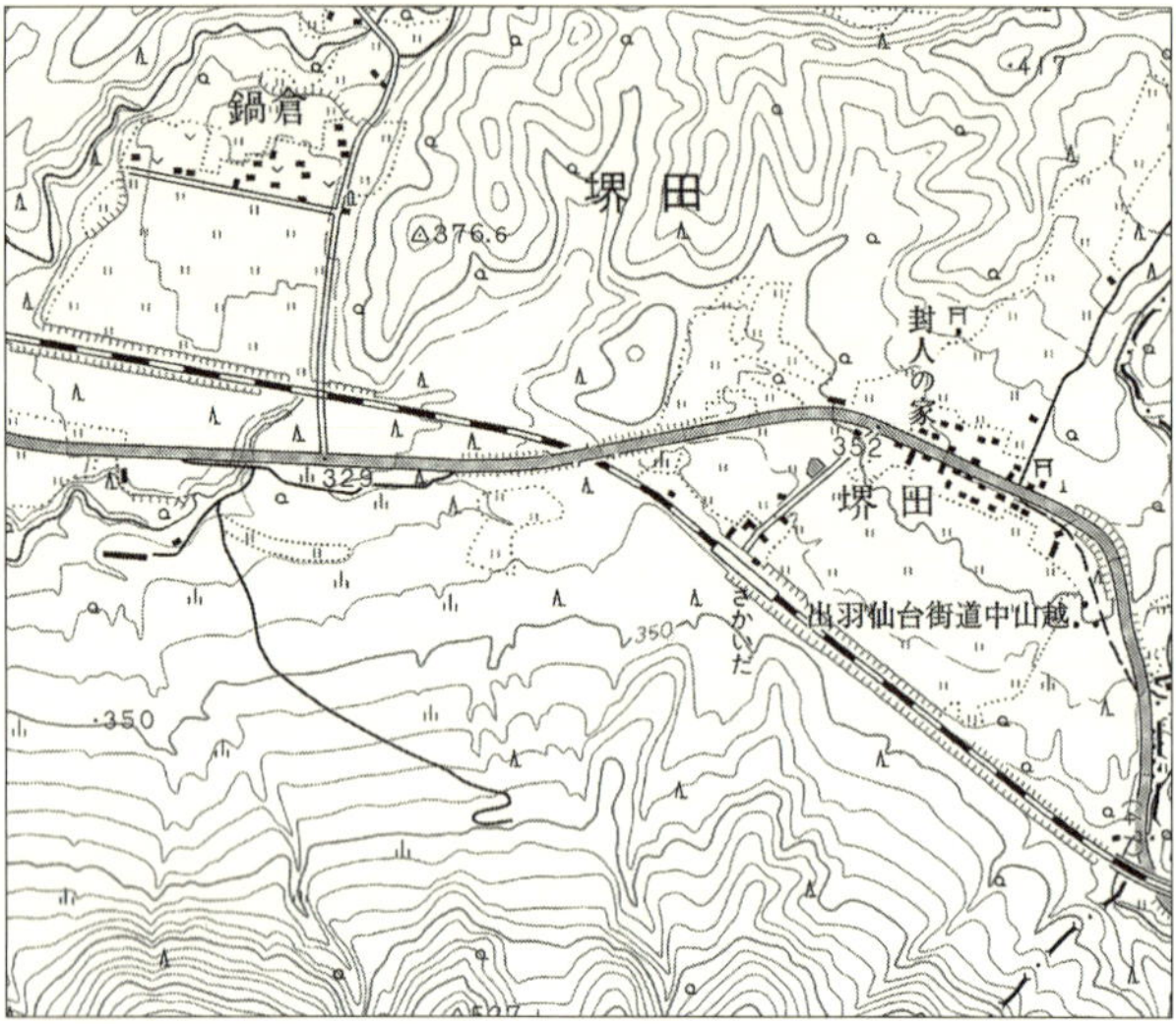

２万5000分の１地形図「羽前赤倉」（平成13年修正）

う超急勾配を克服するために、昭和三〇年代までアプト式が用いられていた。

しかし中には地形の関係でトンネルなしで中央分水界を越えてしまうこともある。陸羽東線もその一つで、堺田《さかいだ》駅が線内の最高所だ。「堺田」という駅名もそれにふさわしく、降った雨はここを境に東西に分けられていく。東への流れは江合《えあい》（荒雄《あらお》）川から北上川に合流して石巻市内・追波《おっぱ》湾へ注ぎ、西への流れは小国《おぐに》川から最上《もがみ》川に入り、酒田の港で日本海に出る。堺田駅を降りて数分歩い

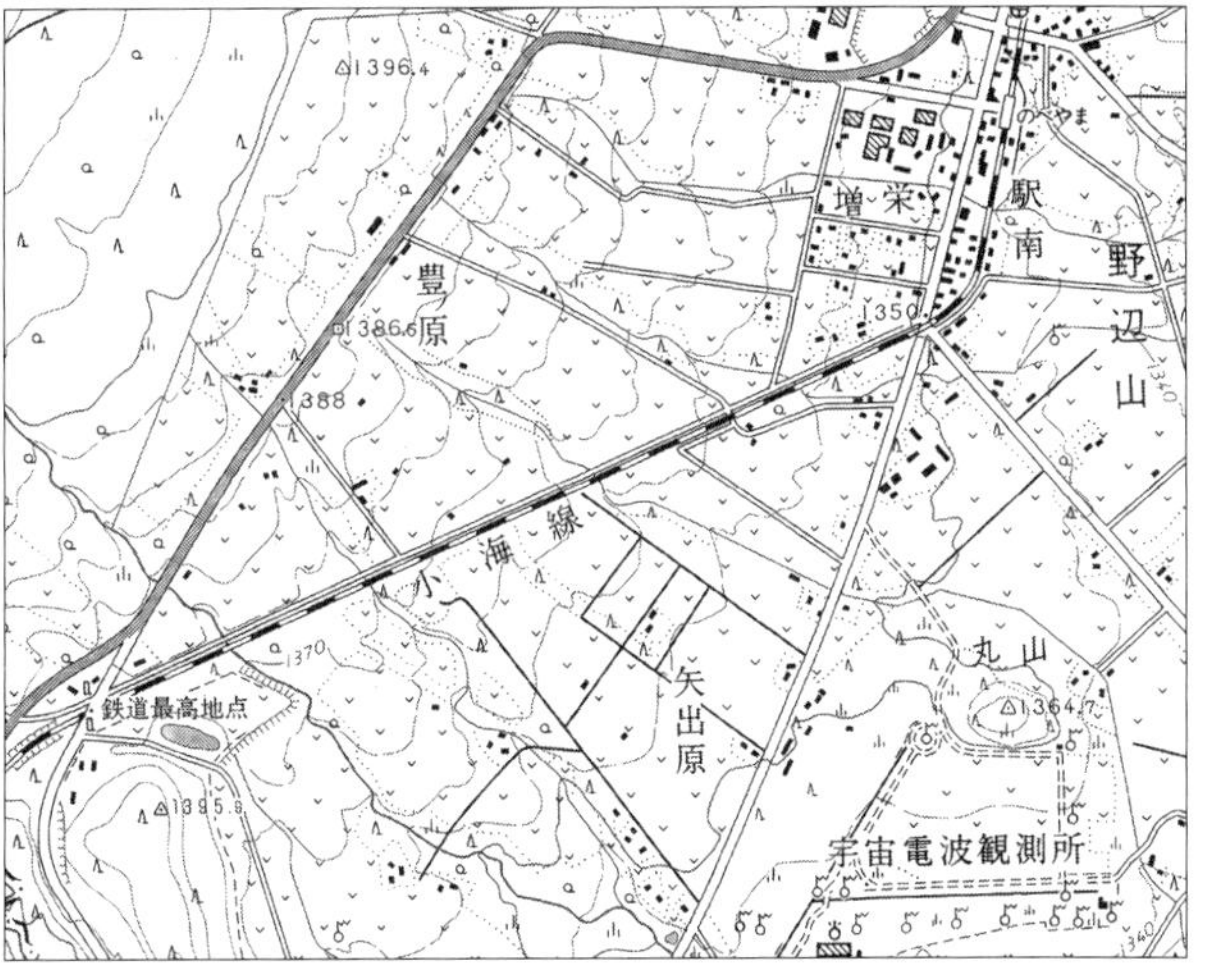

２万5000分の１地形図「八ヶ岳東部」（平成10年部分修正）×0.9

てたどり着くのが、「蚤虱《のみしらみ》馬の尿《しと》する枕もと」と松尾芭蕉が詠んだ「封人《ほうじん》の家」。出羽《でわ》仙台街道に面しているが、分水界は盆地のまん中にあるので実感しにくい。それでも駅の前後は一八・二パーミルという、そこそこの急勾配が長く続いている。

　トンネルのない中央分水界で最も有名なのは、小海《こうみ》線野辺山《のべやま》駅の西方に位置する「JR最高地点」（長野県南牧村）だろう。ここはちょうど佐久《さく》甲州街道の旧道が交差する、第三甲州街道踏切のある地点で、標高は一三七五メートル。ここも高原のまん中なので「分水界越え」はピンとこないのだが、前頁の地形図でよく見れば、「鉄道最高地点」の文字の右を流れる小川は千曲《ちくま》川から信濃川となって新潟へ、その左の県境（図の左下にわずかに見える）を流れる境川は釜無川を経て甲府盆地から富士川となって駿河《するが》湾へ向かう。いずれの川も、河口までは遥《はる》かな旅路である。

東北地方の「中央分水界越え」の区間を北から挙げてみよう。

まずは花輪《はなわ》線（好摩《こうま》〜大館《おおだて》）の横間《よこま》〜田山《たやま》。この区間に、八戸《はちのへ》で太平洋に注ぐ馬淵《まべち》川水系と日本海の能代へ注ぐ米代《よねしろ》川水系の境界を穿つ藤倉《ふじくら》トンネルがある。前後は二五パーミルの急勾配だ。同線の最高地点の駅は安比《あっぴ》高原（標高五〇四・四メートル）で、最急勾配もその前後に続く三三・三パーミルであるが、こちらは馬淵川と北上川、いずれも太平洋側水系の分水界だから中央分水界ではない。

次が秋田新幹線の列車が走る田沢湖《たざわこ》線の大地沢《おおちざわ》信号場（赤渕《あかぶち》駅の西隣）〜志度内《しどない》信号場（田沢湖駅の東隣）。こちらは三九一五メートルの長い仙岩《せんがん》トンネルの上を、雄物《おもの》川水系と北上川水系の分水界が通る。深山幽谷を「こまち」が走るところで、いかにも分水界らしいが、それと対照的なのが一本南を通る北上線ゆだ高原〜黒沢《くろさわ》。同じ水系を分ける県境に位置しながらも、地味な中央分水界にはトンネルもなく、標高二八七メートルとさして高くもないため、列車に乗っていても分水界の通過にはほとんど気付かない。

前述の陸羽東線堺田駅の南に位置するのが仙台～山形を結ぶ仙山線にある仙山トンネル（面白山《おもしろやま》トンネルとも。奥新川《おくにっかわ》～面白山高原）。名取川水系と最上川水系の分水界をくぐる全長五三六一メートルは、東北地方の中央分水界越えのトンネルとしては最長である。ちなみに昭和一二年（一九三七）の開業時には清水トンネル（上越線）、丹那《たんな》トンネル（東海道本線）に次ぐ全国第三位の長さを誇っていた。

さらに南側は奥羽本線の板谷～峠の第二板谷峠トンネル（上り線は板谷峠トンネル）。東北の中央分水界越えでは最古の明治三二年（一八九九）の開通である。阿武隈《あぶくま》川水系と最上川水系の分水界で、今は山形新幹線の列車が通っている標準軌線（一四三五ミリ）であるが、前後に三三・三パーミルの急勾配が延々と続くため、蒸気機関車時代は日本有数の難所として知られていた。平坦な区間を設ける余地がないので、前述のように峠の前後の四つの駅はすべてスイッチバック式であった。しかしこれらは平成四年（一九九二）の山形新幹線開通とともに解消され、現在では急勾配の途中にホームが設置されている。

次は磐越西線《ばんえつさい》の中山峠《なかやま》（中山宿〜上戸《じょうこ》）。ここは阿武隈川水系と阿賀野《あがの》川水系の分水界で、その西側に位置するのが猪苗代湖《いなわしろ》。日本第四位の面積をもつ湖の水面の標高は五一四メートルと高く、明治期から安積疏水《あさかそすい》や水力発電での利用が行われてきた。逆S字型をした沼上《かみ》トンネル（九三五メートル）が分水界の下をくぐっている。

東北最南端に位置するのは、野岩《やがん》鉄道会津鬼怒川《きぬがわ》線の男鹿《おじか》高原〜会津高原尾瀬口にある山王《さんのう》トンネル（三四四一メートル）。この上を阿賀野川水系と利根川水系の分水界が通っており、鉄道で越える東北の中央分水界では最も高い。トンネルの中にある福島・栃木県境の線路の高さは約七六七メートルなので、東北地方の線路の標高としても最高地点にあたる（最高地点の「駅」は山田線の区界《くざかい》駅・七四四メートル）。

列車に忍耐を強いてきたカルデラ

阿蘇《あそ》は世界最大級のカルデラをもつ火山として有名だが、火口原の中に阿蘇市・高森《たかもり》町《まち》・南阿蘇村の一市二町村が存在し、鉄道が二路線も走るのは世界的にみても珍しい。カルデラはスペイン語で「鍋」を意味するが、火山の大規模噴火によって溶岩や火山灰が噴出して地中に空洞ができ、そのため地表が重みで落ち込み、鍋状の地形になったものが多く、他に水蒸気爆発などによるものもある。

直径二〇キロほどの阿蘇の「大鍋」のまん中には今も噴煙を上げる中岳《なかだけ》（一五〇六メートル）をはじめとする中央火口丘が聳え、それらの山群の北側には阿蘇谷、南側には南郷《なんごう》谷《だに》が広がっている。平坦地の多い阿蘇谷には豊肥《ほうひ》本線、起伏のある南郷谷には南阿蘇鉄道がそれぞれ東西に走っているが、両線が接続しているのがカルデラの西の入口にある立野《たての》駅である。その南側には深い谷を刻んで白川《しらかわ》が流れているが、阿蘇の「鍋」に降った雨はすべてここを通って有明海へ流れて行く。

鉄道がこの「鍋」に出入りするのはなかなか大変なことで、立野駅で豊肥本線は大規模なスイッチバックで向きを二回転じる。しかも三三・三パーミルという、蒸気機関車の走る路線としては限界に近い勾配が次の赤水《あかみず》駅まで延々と続く難所で、開通五年後の大正一二年（一九二三）の時刻表によれば、立野から次の赤水まで七・九キロの区間を下り列車（上り坂）は約三六分もかけていた。平均時速一三キロである。

カルデラから出て行くのも大変だ。しかも東側には西のような「出口」はなく、鍋のフ

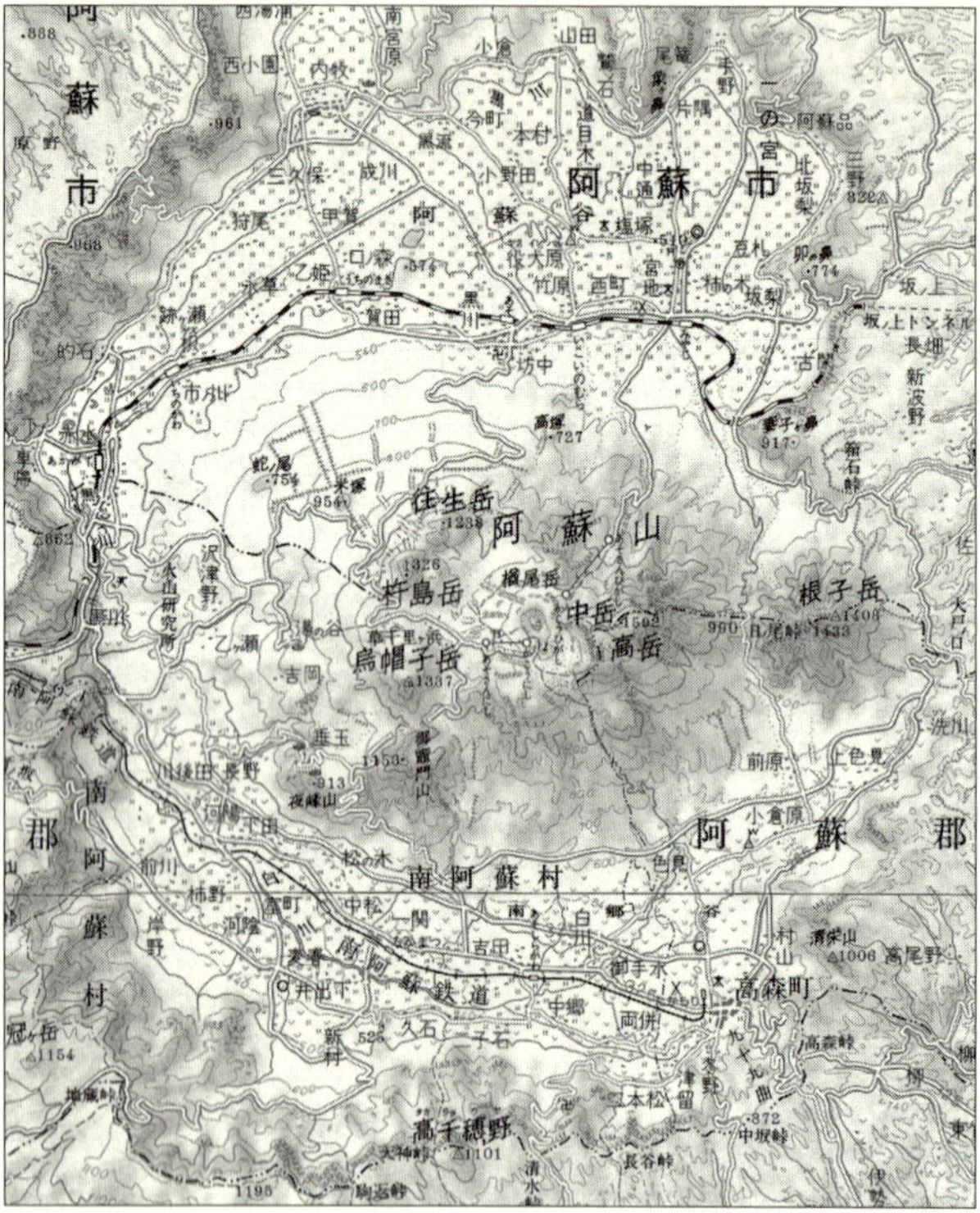

20万分の１地勢図「熊本」（平成17年要部修正）、「大分」（平成15年修正）×0.8

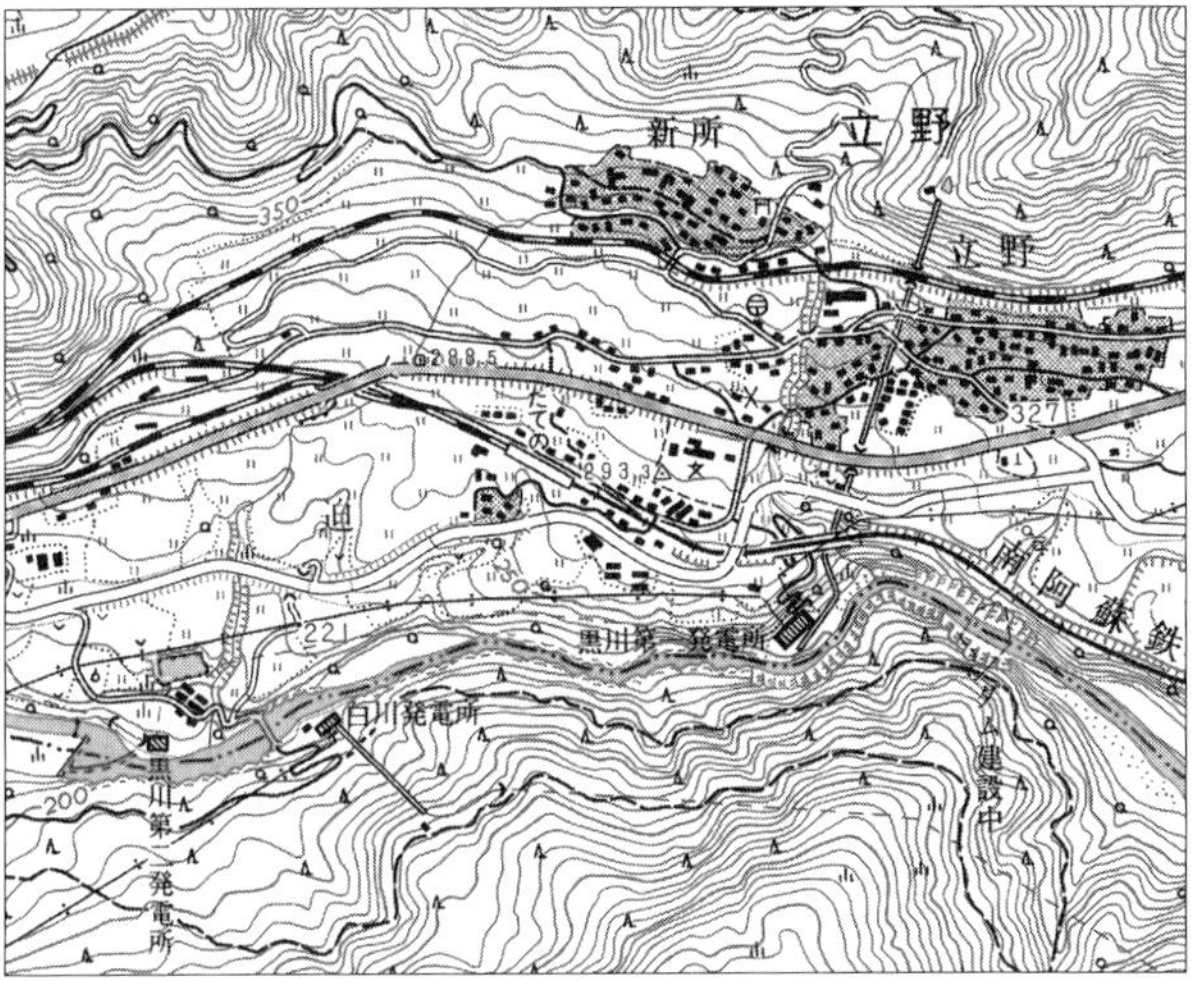

２万5000分の１地形図「立野」（平成12年修正）

チにあたる外輪山を越えなくてはならない。そのため宮地《みやじ》～波野《なみの》間は大きく迂回しながら高度を稼ぐ。こちらも二五パーミルの急勾配が休みなく九キロ、鍋の縁を穿つ坂ノ上トンネルを出るところまで延々と続く。カルデラを俯瞰するパノラマをしばし楽しめる区間だが、その最後が二二八三メートルの長い急勾配のトンネルだから、蒸気機関車時代にはさぞ機関士泣かせの山越えだっただろう。

　お客もじっと我慢の区間で、昭和一三年（一九三八）発行の鉄道旅行案内書『旅窓に学ぶ（西日本篇）』（ダイヤモンド社）には「矢岳《やたけ》にも優る煤煙《ばいえん》の厄難を暫《しば》し忍ばねばならない」とある。ちなみに、上りきった所に位置する波野駅は九州最高地点の駅だ（海抜七五四・九メートル）。

他にカルデラ内を走る鉄道としては箱根登山鉄道が代表的だが、あまり知られていないのが鹿児島県の姶良《あいら》カルデラの「外輪山の中腹」を走る日豊本線だ。中腹といっても水没しているので竜ヶ水《りゅうがみず》駅付近は海沿いを通る。それでも駅の西側にずっと続く急な崖は外輪山の名残だ。二万五〇〇〇～二万九〇〇〇年前の姶良大噴火は、日本列島全体に火山灰を飛ばすほどの壊滅的ともいうべき大規模噴火であった。

北海道もカルデラの多い土地であるが、その中で最大規模なのが屈斜路《くっしゃろ》カルデラである。屈斜路湖はその火口原に湛水した日本最大のカルデラ湖だ。この湖もかつては面積が現在の倍ほどの巨大なものだったが、三万年前より後に中央火口丘の一つであるアトサヌプリ（標高五〇八メートル）などからの多量の噴出物により、南東側が埋まって現在の形に縮小された。かつて湖面だったと思われるところを通るのが釧網本線で、美留和《びるわ》、川湯《かわゆ》温泉の前後はまさにカルデラの中。

アトサヌプリはアイヌ語で「裸の山」を意味するが、別名を硫黄《いおう》山と称するように古くから硫黄の採掘が盛んで、明治五年（一八七二）から始まった個人による硫黄採掘が同二〇年には安田善次郎の経営に移された。硫黄の鉱石運搬のために鉱山（跡《あと》佐登《さのぼり》）から標茶《しべちゃ》まで四一・八キロの釧路鉄道が敷設されている（当初は会社の専用鉄道）。しかし採掘に使役された囚人の酷使が問題になったことに加え、資源の枯渇もあって明治二九年頃には休止状態となった。その後正式に廃止された後は線路跡地の多くを釧網本線の建設に流用している。この鉄道もかつて火山活動の「恩恵」を運び出すための鉄道の跡に敷かれていることもあり、結局はカルデラと深い関わりがあるのだ。

ループ線がひらいた坂の道

汽車は坂道に弱かった。列車といえば蒸気機関車が引っ張ると決まっていた明治の昔、例外的な区間を除けば勾配は二五パーミルが限度とされ、線路の設計にあたっては勾配をその範囲内に収めるよう調整しなければならなかった。場合によっては線路を迂回・蛇行させるなどして解決したわけだが、地形の条件によっては時にループ線が用いられた。英語の loop は「輪」であるが、もちろん閉じている輪ではなく、ぐるりと回っていくうち

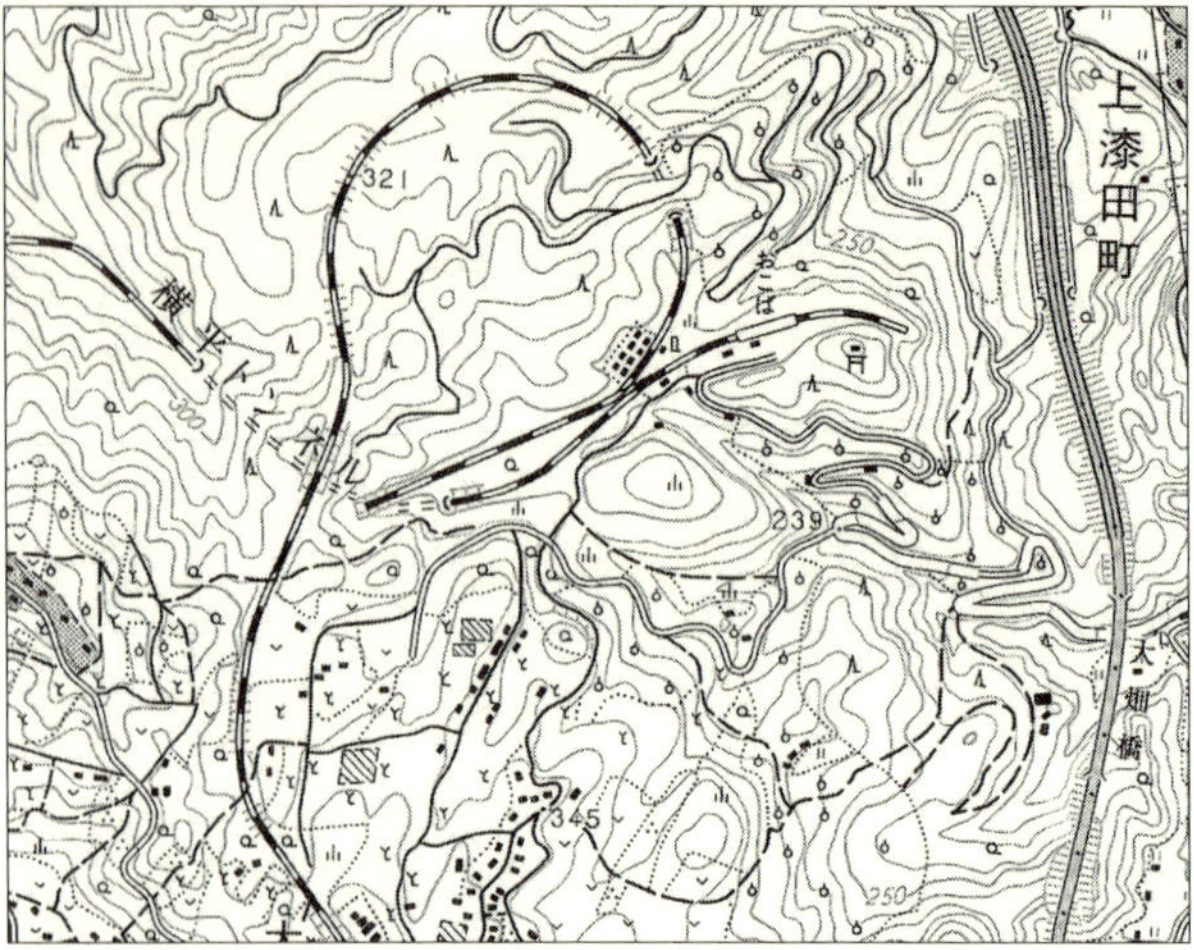

２万5000分の１地形図「肥後大畑」（平成12年修正）

に高度を稼いでいく。

　日本で最初にループ線が用いられたのは明治四二年（一九〇九）、鹿児島本線の人吉《ひとよし》～吉松《よしまつ》間が開通した時のことである。ちょうど熊本県の人吉盆地から宮崎県へ抜ける矢岳越えの難所で、この矢岳トンネルを抜けた南側は霧島連山を望む絶景が「日本三大車窓」の一つに数えられている。昭和二年（一九二七）には水俣《みなまた》、川内町《せんだいまち》（現川内）経由の海沿いの新線が開通して鹿児島本線の名をそちらに明け渡し、肥薩《ひさつ》線と改称した。ぴったり並行して九州自動車道が開通したのが響き、熊本～宮崎を結ぶ急行「えびの」は平成

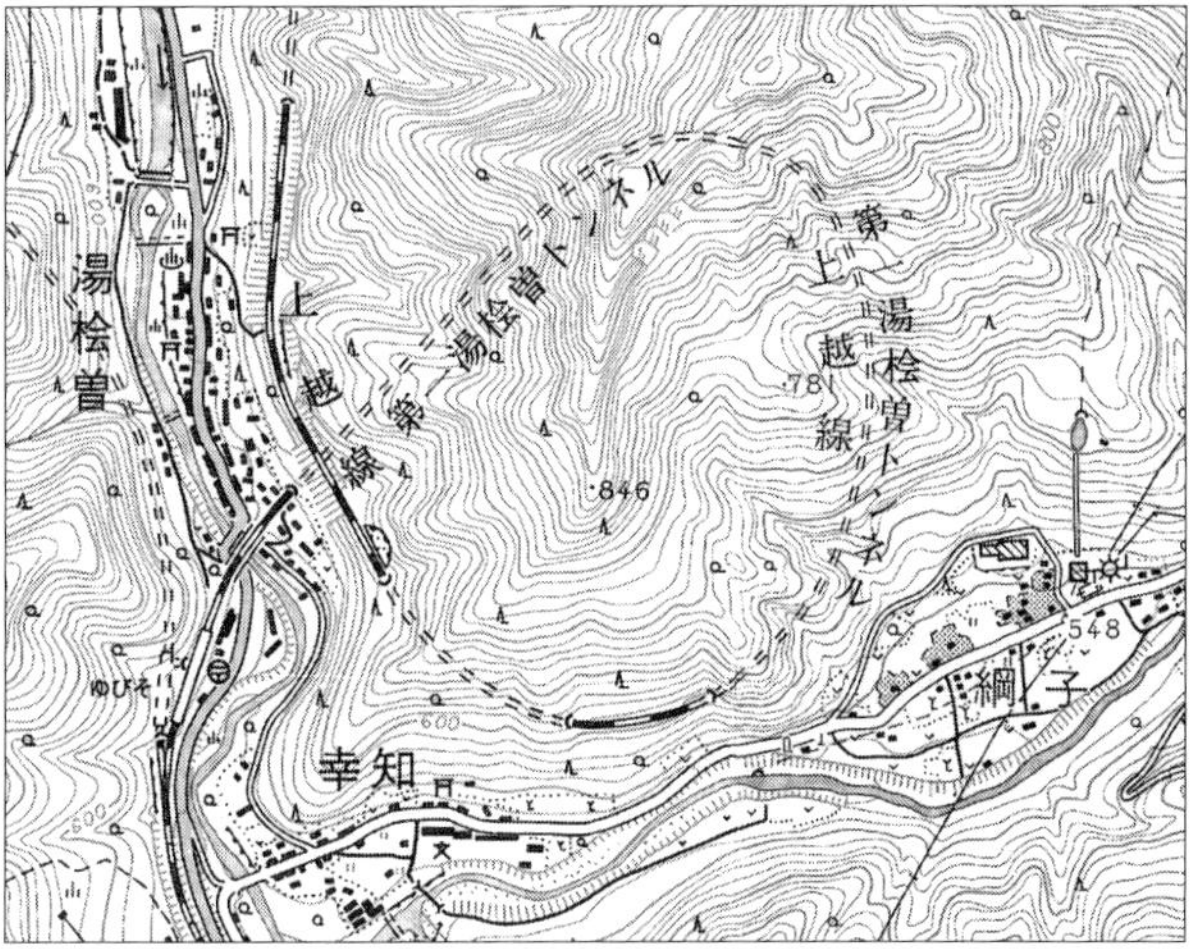

２万5000分の１地形図「水上」（平成13年修正）、
「藤原湖」（平成12年修正）

一二年（二〇〇〇）に廃止されて久しい。高速バスに対抗してこの線で都市間連絡輸送を行うことは断念したようで、今は「いさぶろう」「しんぺい」という観光列車が運行され、絶景区間にさしかかるとしばらく停車し、車窓風景を堪能させてくれる。

ループ線が採用されたのは人吉を出て高い台地状の地形に取り付く部分で、大畑《おこば》駅の前後にあたる。限度いっぱいの二五パーミルで上り続けて矢岳を目指すのだが、大畑に駅を設ける際、いったん線路を水平にする余裕もないためスイッチバック式とし、駅は東側の脇道を入った平坦地に造られた。このため全国でも唯一、ループとスイッチバックが同居する「鉄道名所」となったのである。大畑の駅名は難読だが、コバは九州では焼畑を意味し、通常は木場とか古葉などの文字を当てるところを、ここでは「翻訳」した。

その後は昭和六年（一九三一）に全通した上越線の清水トンネル（当時日本最長の九七〇二メートル）の前後に、やはり急勾配を克服するためにそれぞれループ線が設けられた（現在はいずれも上り線として使用）。このうち湯檜曽《ゆびそ》駅のすぐ東側に位置するループは立体交差の部分が地上に出ているので、これから下っていくべき線路が列車の窓から見下ろせる。

北陸本線の敦賀《つるが》～新疋田《しんひきだ》の上り線にも昭和三八年（一九六三）九月末に完成したループ線（鳩原《はつはら》ループ）がある。複線化の際に上り線の急勾配緩和のために設けられたもので、これにより距離は三キロ延びたものの、二五パーミルの急勾配が一〇パーミルに緩和された。さすがに貨物列車の多い「日本海縦貫線」ならではの改良である。このループ線は途中でわずかな時間ながら敦賀湾が見下ろせる。上りの特急などに乗っていると、今まで山側だった左手車窓に突然海が見えるので戸惑ってしまう。この海は敦賀湾で半島に抱かれた形なので琵琶《びわ》湖に見えなくもないが、まだ敦賀を出たばかりで時間が早すぎるし……。

四国の土佐くろしお鉄道中村線の若井《わかい》～荷稲《かいな》間にループ線ができたのは北陸本線の鳩原ループと同年の一二月で（当時は国鉄中村線）、こちらは四万十《しまんと》川の中流部と伊与木《いよき》川流域の大きな高度差を克服するためだ。予土《よど》線との分岐点である川奥《かわおく》信号場付近から南側の谷を俯瞰すると、ずっと下の方に中村方面へ続く線路が見える。それから唯一、都市部にあるループ線は東京の「ゆりかもめ」。首都高速道路とともにレインボーブリッジを渡る西側に設けられている。この吊橋の桁の高さは最高で五二メートルあるので、そこに向かって狭いスペースで高度を稼ぐためだ。

今はなきループとしては、熊本県の水俣と鹿児島県の栗野《くりの》を結んでいた山野《やまの》線の、県境に近い久木野《くぎの》～薩摩布計《さつまふけ》。昭和六三年（一九八八）に廃止された路線だが、勾配は三〇パーミル、曲線も一六〇～二〇〇メートルの急カーブという、最も条件の厳しいループ線であった。

V字谷の過酷な道程を進む鉄道

「トロッコ電車」で有名な黒部峡谷鉄道が観光目的で作られたのではないことは、一度乗

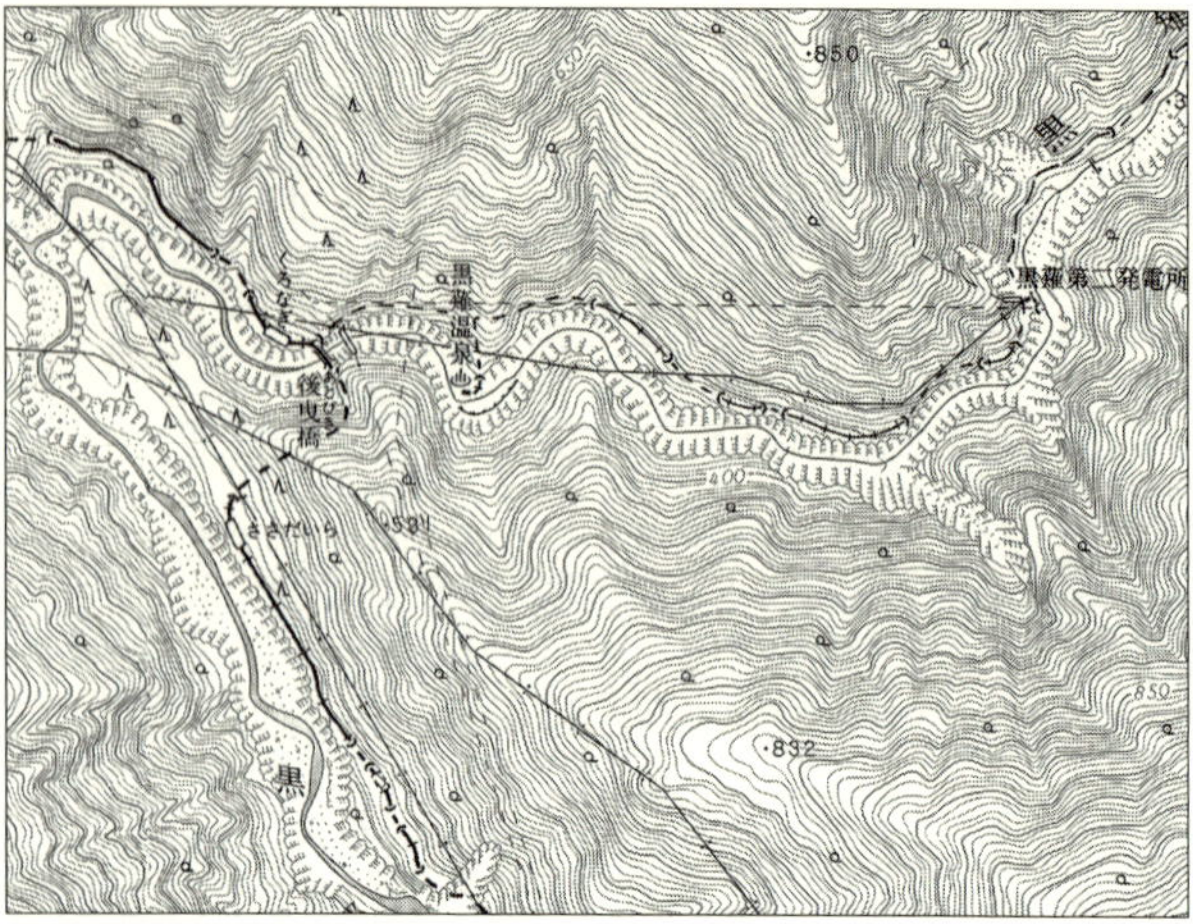

２万5000分の１地形図「宇奈月」（平成13年修正）、
「黒薙温泉」（平成５年修正）×0.9

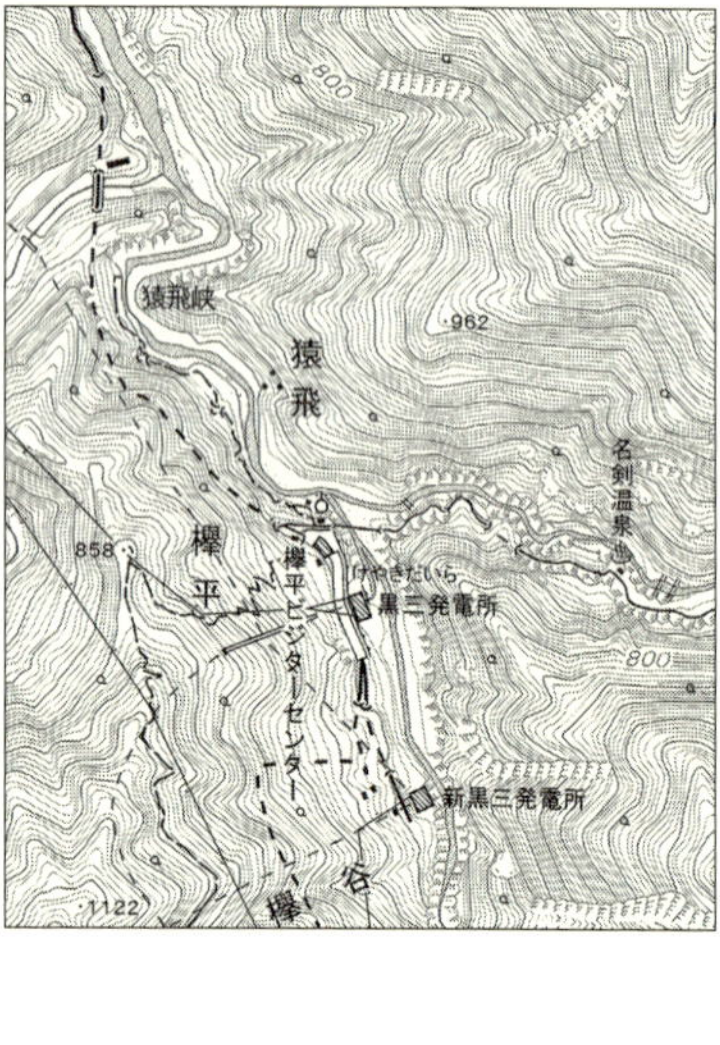

２万5000分の１地形図「欅平」（平成19年更新）×0.8

ってみればわかる。首が痛くなるほど見上げても頂上が見えない絶壁と、はるか眼下の激流に泡立つ黒部川の本流。人が通る道を確保するのさえ至難と思われる急斜面に線路を敷いた。それだけで相当な額の資金と危険を覚悟した工事が行われたことは明白である。沿線はことごとくV字谷の峡谷だが、激しい水流の谷を深く刻む力があまりに大きいため支流の浸食が追いつかず、本流に滝となって合流する「懸谷《けんこく》」が至る所に見られ、それゆえ地形図に等高線を一〇メートル間隔で描くには限界の急傾斜で、線と線がくっつきそうな場所では等高線を一～二本省略することもあるほどだ。

三〇〇〇メートル級の頂《いただき》が連なる北アルプスから日本海へ短距離で一気に駆け下る黒部川。その滝のような急流は昔から水力発電の適地として注目された。日本電力が山奥にダムや発電所を建設するための人員・資材の輸送手段として大正一五年（一九二六）、宇奈月～猫又間に敷設した専用軌道が黒部峡谷鉄道のルーツである。

そんな線路なので必然的にトンネルは多く、一般客が乗れる欅平《けやきだいら》までの二〇・一キロに四一か所、特に後半の鐘釣《かねつり》～欅平の五・八キロ区間はそのうち約六割にあたる約三・五キロがトンネルとなっている。地形図でトンネルを一つずつ数えても少し数が合わないのは、これも乗ってみればわかる。トンネルと落石覆いがしばしば連続しているので、トンネルがどこで始まってどこで終わるのか判断がつかないからだ。ましてや空中写真ではまともに見えるはずもない。

沿線には自動車の入れる道路がないので資材の運搬はすべて鉄道が担う。このため沿線の発電所へはそれぞれ支線が延びているのも他では見られない奇観だ。猫又から対岸の黒部第二発電所への線路は車窓からも見えるが、黒薙《くろなぎ》駅から黒薙第二発電所まで東へ二キロ弱の専用線は、すぐトンネルに入るので全貌は見渡せない。そのトンネルの中に黒薙温泉へ分岐する道もあり、かつては駅員の判断で近道として利用できたという。七四頁上の地形図でわかる通り、これらの支線は森林鉄道などに用いられる「特殊軌道」の記号で描かれている。

黒薙駅を出てすぐ黒部川を渡る後曳橋《あとびきばし》はよく写真に登場する高さ六〇メートルのアーチ橋で、あまりの崖の高さに後ずさりしたことにちなむ名所。地形図ではもはや等高線が描けない垂直の断崖なので、川の両岸は屏風のような「岩がけ」記号だ。一ミリの幅に最大四本もの等高線がひしめく茶色い渦を凝視すれば、重畳たる黒部の奥山の険しさが迫ってくる。

四国山地を横断する「トンネル線」

土讃線は四国山地を横断する。徳島県最西端、三好市の中心にあたる阿《あ》波《わ》池《いけ》田《だ》駅を過ぎ

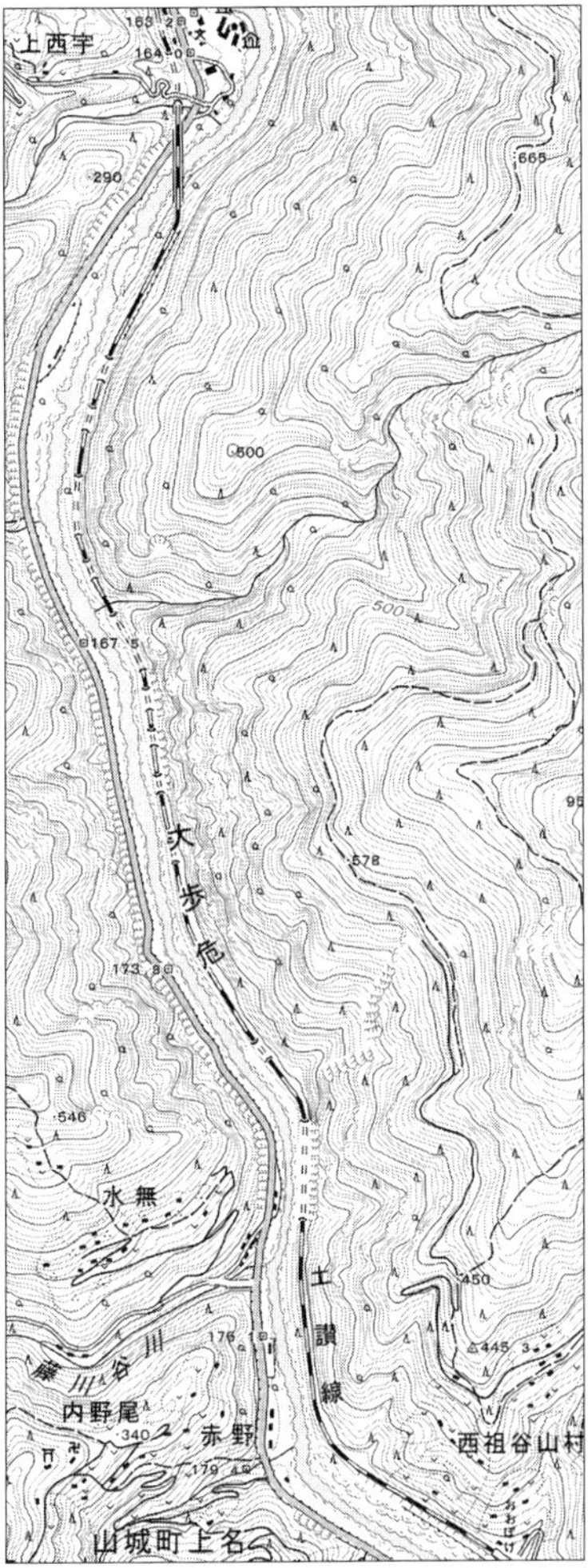

2万5000分の1地形図「大歩危」（平成18年更新）×0.8

た下り列車は、しばらく吉野川の峡谷風景の中を行く。四国山地は峻険《しゅんけん》な山並みが東西方向に折り重なっているが、この区間の吉野川はそれらの山の列を断ち切るように南から北へ流れるのが特徴だ。太古の昔には吉野川は平坦地を流れていたというが、何百万年単位の時間をかけて山がじわじわ褶曲《しゅうきょく》して盛り上がるスピードより川の浸食力が勝ったため、頑固に山を断ち切り続けて今に至っている。だから険しさも一級なのだ。

V字に削り込まれた峡谷には小歩危《こぼけ》・大歩危《おおぼけ》という駅名が連続しているが、ボケ（ホケ）やホキのつく地名は崩壊しやすい崖に由来するものが多い。全国を見渡せば保木や法華、北方などさまざまな当て字が用いられているが、ここ吉野川は「歩くのが危ない」という字で、険しい雰囲気をうまく伝えている。ホケといえば予讃線の終点近く、三〇～三三パーミルが連続する急勾配区間の下宇和《しもうわ》～立間《たちま》間にある法華津《ほけつ》トンネル（一六一〇メートル）のある法華津も崩壊地名のホケであろう。

四国山地の切れ込みを走る土讃線は、トンネルの数が一二四か所に及ぶ全国有数の「トンネル線」で、とりわけ一駅間に一六か所も存在するのが小歩危～大歩危間である。吉野川を俯瞰する小歩危駅を出た下り列車は、まず第一端の溝、第二端の溝、西宇《にしう》の三つのトンネルを立て続けにくぐり、左手に西宇小学校（廃校）を見てすぐ岩本、薬師の両トンネル（二万五千分の一地形図では一本として描かれている）。抜ければすぐ高いトラス橋の第二吉野川橋梁で吉野川をひと跨ぎ。ゴールデンウィーク中なら鯉《こい》のぼりが谷を渡るのに驚きつつ、川は車窓の右側に移る。

落石覆いを織り交ぜながら第一・第二西岡山、堂床《どうとこ》、枇杷《びわ》トンネルと立て続けにくぐると大谷川橋梁の急流を見下ろす間もなく第一〜第三大歩危トンネル。次は獅々岩トンネルだが、地形図には多くの岩や岩がけ記号。急斜面というよりは崖に近い。金毘羅《こんぴら》、蝙蝠岩《こうもりいわ》の両トンネルを過ぎ、一六番目（多度津《たどつ》から通算三六番目）で少し長めの御庭《おにわ》トンネルをくぐれば川向こうに赤野《あかの》の家並みが見え、ようやく人里らしくなってくる。

昭和二五年（一九五〇）まで大歩危駅はその集落の名をとった阿波赤野と称した。線路と吉野川をまたぐ中路アーチ（ローゼ）橋の大歩危橋が見えれば大歩危駅である。駅のすぐ近くから段々畑が、見上げれば首が痛くなるほどの山上まで耕され、家も高い所に点在している。よくぞここまで開墾したものである。

昭和一〇年（一九三五）一一月二八日、この区間を含む三縄《みなわ》〜豊永《とよなが》間の開通で高知市が高松市と直接結ばれ、土讃線と名付けられたが、実はこの日こそが、沖縄を除く全道府県庁所在地（当時は都がなかった）が鉄道および鉄道連絡船で結ばれた日であった。四国山地はそれほど険しかったのである。

土佐湾の海沿いから高南台地へひと駅で急登する土佐久礼《とさくれ》〜影野《かげの》間の一部には二四ものトンネルがひしめく、四国屈指の急勾配区間である。この区間は駅間距離が一〇・七キロと離れているため、かつては中間に笹場信号場が設けられていた（昭和二四年までの二年間のみ）。ただし急勾配がまったく途切れないのでスイッチバック式になっており、待ち合わせる列車が脇道へ入るタイプであった。

昭和二二年（一九四七）の開業から同二六年に窪川《くぼかわ》まで延伸されるまでは、この急勾配を上った影野駅が終着であったが、当時はこのひと駅だけに三八分をかけている。平均時速は一六・九キロ、他に交通機関もないし、高南台地へ上るならこの線から逃げられない。影野駅に着く頃には襟元も鼻の中も煤《すす》だらけだったことだろう。「蒸気機関車が好きなんて、気が知れないよ」という世代も、思えばだいぶ少なくなった。

急勾配を克服するスイッチバック

鉄道が急勾配を上り下りするにはどうするか。蒸気機関車の牽引《けんいん》する鉄道は急な勾配が苦手であるから、線路を蛇行させて迂回したり、場所がなければその場で一回転するループ線などで距離を稼ぎ、勾配を緩和した。重量が軽くずっと身軽な電車なら、ある程度は急勾配に強いので、私鉄の中には五〇パーミル程度までの坂道をそのままよじ登る例もある（南海高野線や神戸電鉄など）。神奈川県の箱根登山鉄道に至ってはその最急勾配が八〇パーミルに及び、これはケーブルやアプト式などを除けば大正八年（一九一九）の開業以来、ずっと日本一の急勾配を誇っている。

しかし「天下の嶮《けん》」たる箱根の山はその超急勾配でも登りきれないので、スイッチバックを設けてジグザグに登る方式を採用した。ちなみにスイッチバックは英語ではZigzagと称する。箱根登山鉄道には出山《でやま》信号所・大平台《おおひらだい》駅・上大平台信号所の三か所にスイッチバックが設けられており、駅名標に記された標高はその度に上がっていく。参考までに、この登山鉄道は箱根湯本で後ろ向きに乗った方が「前向き」の時間は長い。

ジグザグ型――形状から「Z型」とも呼ばれるスイッチバックには、箱根の三か所の他

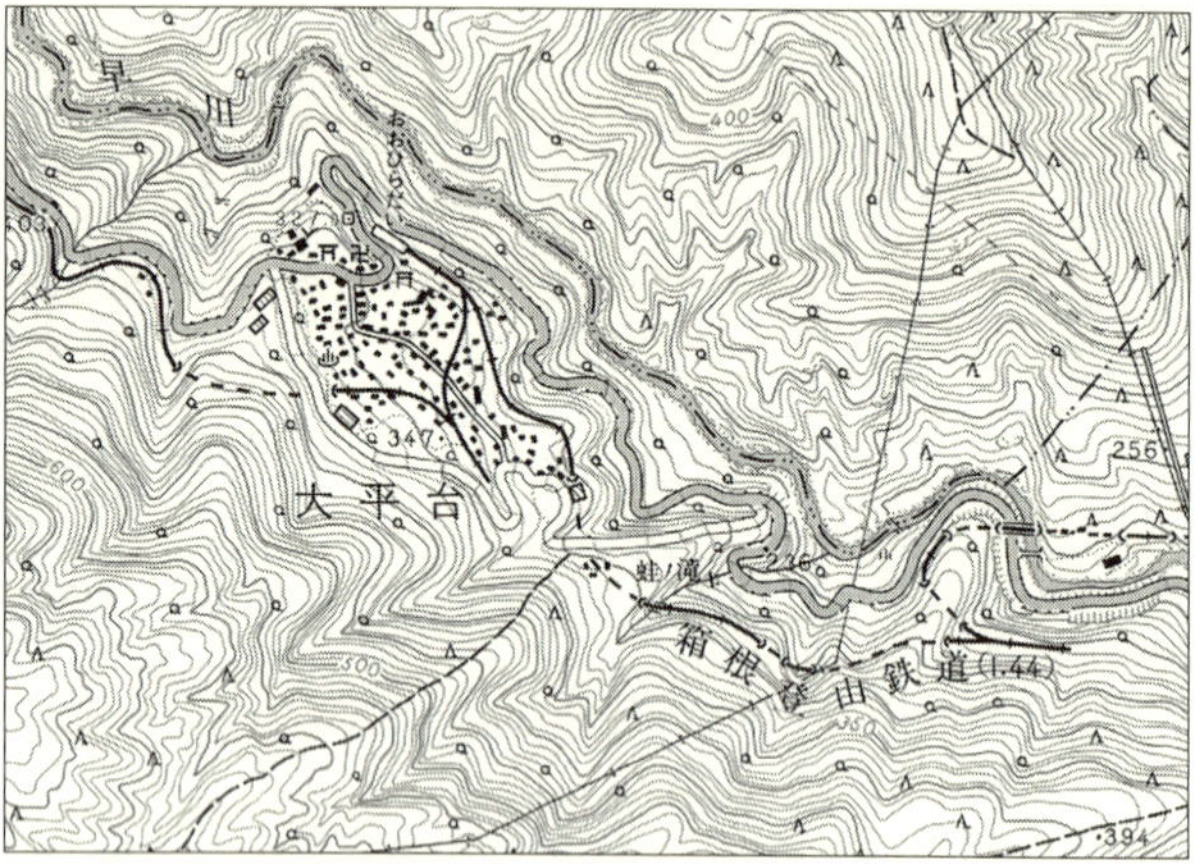

２万5000分の１地形図「箱根」(平成13年修正) ×0.9

全線に３か所のスイッチバックが存在する箱根登山鉄道。写真はスイッチバック式の大平台駅。列車交換を待つ箱根湯本行きの電車(右)と、80パーミルの急勾配を上ってきた強羅行き。写真：今尾恵介

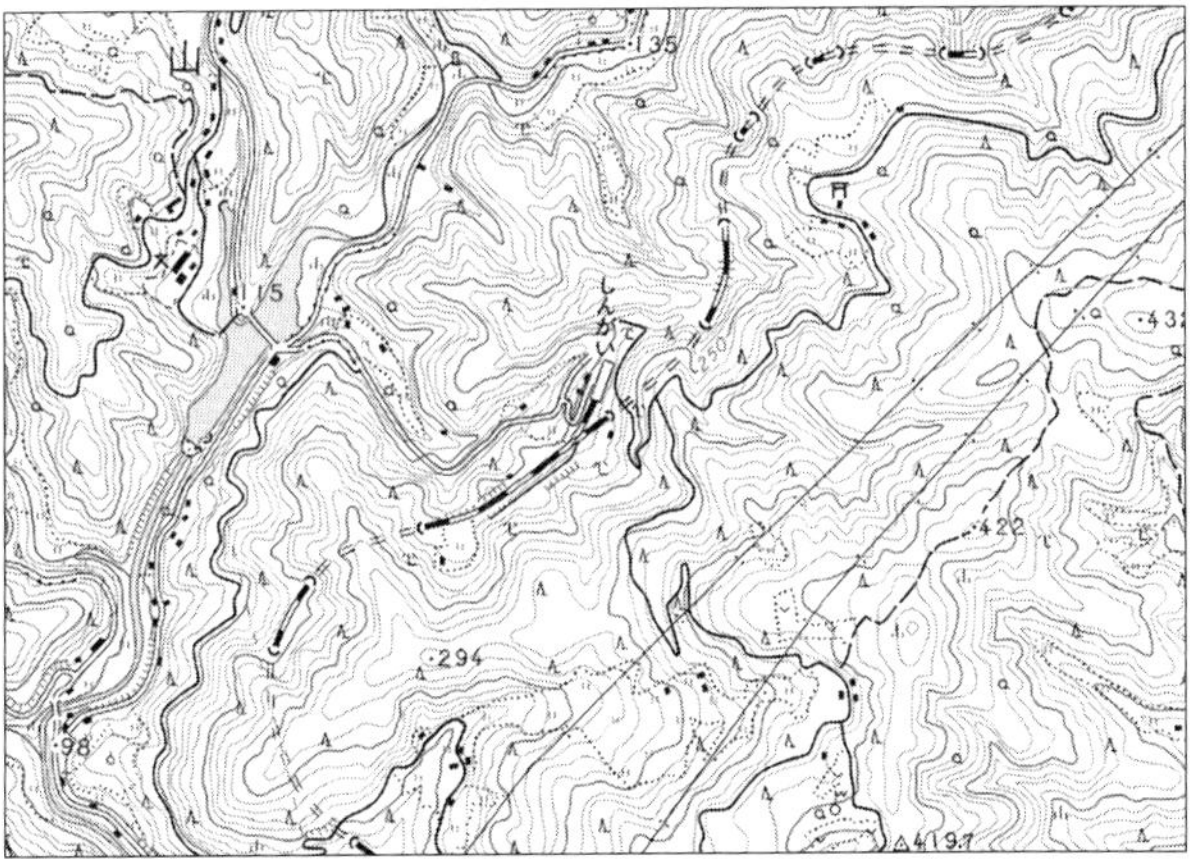

２万5000分の１地形図「土佐山田」（平成13年修正）×0.9

に木次《きすき》線の出雲坂根《いずもさかね》駅（島根県）、豊肥本線の立野駅（熊本県）、肥薩線の大畑駅（同・ループと組み合わせ）などが現存するが、ＪＲで最も折り返しの距離が長い立野では、この折り返しがまるで阿蘇の外輪山の切れ目からカルデラの内部へ入るための儀式のような荘重さを帯びる。

　もう一つのタイプとしては「通過型」がある。急勾配区間が長くて途中駅のための平坦地がとれないため、横道に入ってそれを確保するもの。蒸気機関車が「坂道発進」に弱いためのやむを得ない措置であるが、かつては中央本線や奥羽本線、信越本線など幹線の山岳区間には多く設けられていた。

しかし最近は普通列車も坂道に強い電車が主流となったため、急勾配の本線上にホームを移設してスイッチバックを解消する例が相次ぎ、ほとんど「絶滅危惧種」となっている。これまでにスイッチバックが解消された駅としては中央本線だけでも初狩《はつかり》、笹子《ささご》、勝沼（現勝沼ぶどう郷）、韮崎《にらさき》、新府《しんぷ》、穴山《あなやま》、長坂《ながさか》、東塩尻《ひがししおじり》（昭和五八年に廃止）と多数にのぼる。奥羽本線の福島～米沢間にも四駅連続でスイッチバック駅が存在したが、山形新幹線の開通に先立つ平成二年（一九九〇）にすべて解消され、勾配上のホームに改められている。

現在このタイプで乗り降りできるスイッチバック駅としては篠ノ井《しののい》線の姨捨《おばすて》（長野県）、信越本線の二本木《にほんぎ》（新潟県）、土讃線の坪尻（徳島県）と新改《しんがい》（高知県）のわずか四か所だけだが、いずれも特急列車は脇をすり抜けて通過してしまうので、この稀少なスイッチバックを楽しむためには普通列車でのんびり行くしかない（二本木駅を通る旅客列車は普通列車のみ）。姨捨駅からの善光寺平の絶景や坪尻・新改の人煙稀《まれ》な山中での停車時間の静寂は、時間が許せばぜひ味わってみたいものである。

第三章　時代に左右された鉄道

ローカル支線も昔は本線でした

富良野線は今でこそ旭川《あさひかわ》と富良野を結ぶ五四・八キロに過ぎないが、その昔は釧路線と称して旭川と釧路を結ぶ三〇九・一キロ（当時）、札幌方面から道東へ向かうことのできる唯一の鉄道であった。現在の根室本線の前身の一部であるが、滝川《たきかわ》から下富良野（現富良野）までの現行ルートが開通する大正二年（一九一三）までは、札幌方面から釧路へ行く汽車は、はるばる旭川を回って遠回りしていたのである。線名は同年に滝川～下富良野～釧路が釧路本線となり（根室まで開業した大正一〇年に根室本線）、旭川～下富良野は支線の富良野線となった。

釧路への交通路はその後も変わった。長らく滝川経由の時代が続いたが、昭和五六年（一九八一）に石勝線が開通すると、それまでの滝川経由に代わって千歳空港駅（現南千歳）から東へ夕張《ゆうばり》山地を越えて新得《しんとく》へ出るルートになり、さらに大幅な距離の短縮が行われた。次頁の図は大正元年（一九一二）発行の時刻表添付の地図だが、札幌から旭川へ北上、そこからこの釧路線で南下して下富良野を経て帯広や釧路に至るという、南北に連な

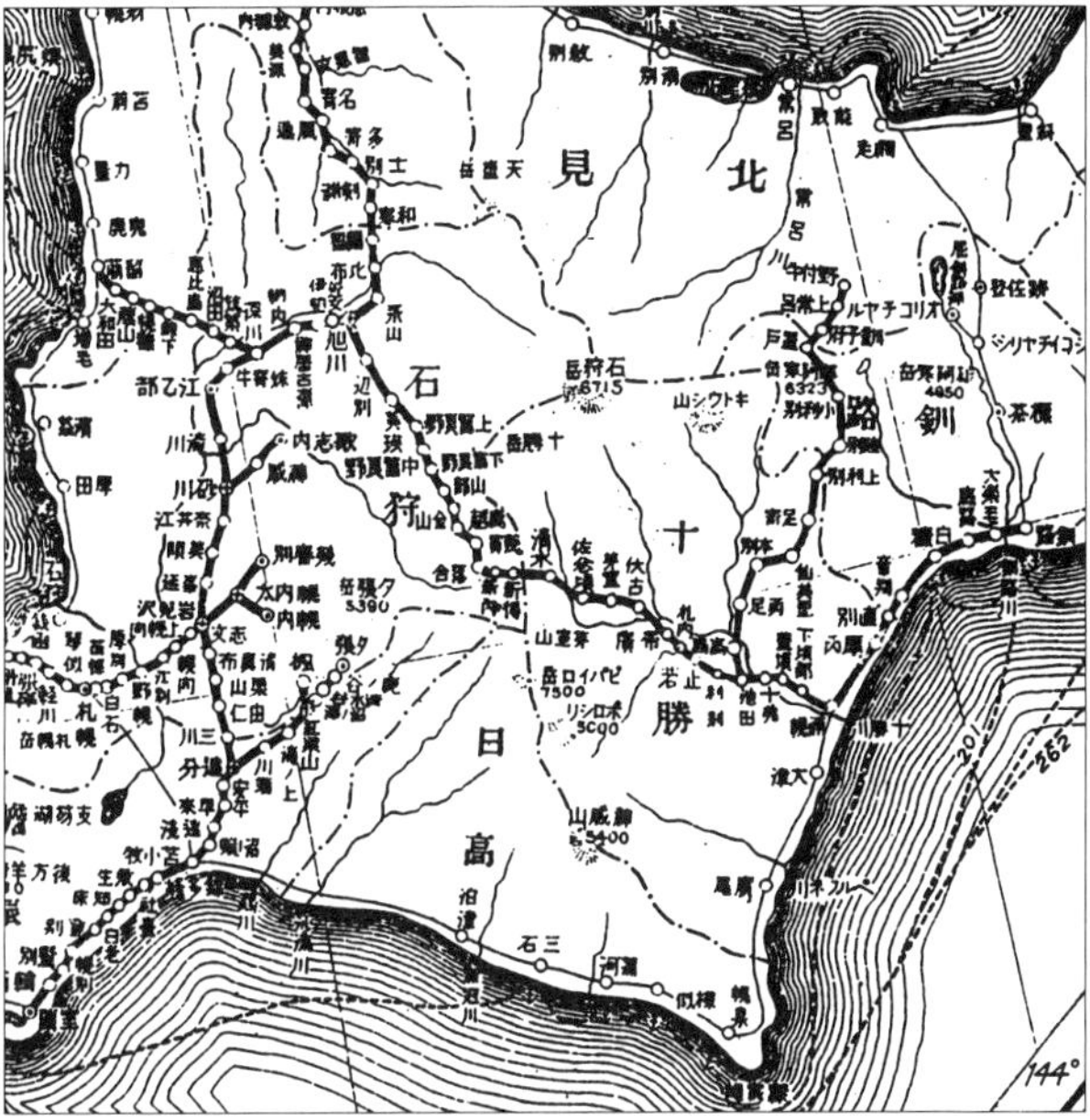

『汽車汽船旅行案内』添付地図（庚寅新誌社／大正元年９月号）×0.9
札幌方面から釧路へ行くのに旭川を経由していた頃。

る山地に阻まれつつ東進する当時の迂回ルートがよくわかる。

　この時刻表によれば、札幌から釧路まで直通する一日一往復の列車は、札幌を夜中の二三時一四分に出発して旭川には翌朝の四時一〇分、そこからおもむろに南下して下富良野が六時一八分発、帯広には日も高く昇った一〇時五一分。終点の釧路に着くのは、冬なら日も傾き始めた一五時一五分というダイヤだった。なんと一六時間もの長旅である。距離も四四八・〇キロと現在の石勝線経由より約一〇〇キロも長かった。今なら特急「スーパーおおぞら」がこの区間を最速三時間三五分で結んでいる。

　前頁の図には十勝《とかち》の池田《いけだ》から北上する「網走本線」のラインも見える（当時はまだ網走まで開通しておらず単に網走線と称した）。こちらは現在よりさらに大変な遠回りを強いられていた。この「本線」も大雪山《たいせつざん》の北側を回る石北本線が昭和七年（一九三二）に全通した後は主役の座を追われ、昭和三六年（一九六一）には池田〜北見《きたみ》に短縮されて池北《ちほく》線というローカル線に転落。その後は第三セクターの「北海道ちほく高原鉄道ふるさと銀河線」として存続していたが、平成一八年（二〇〇六）に惜しまれながら廃止されている。

「昔は幹線で今は支線」という例は他にもあるが、最も有名なのは旧東海道本線の御殿場《ごてんば》

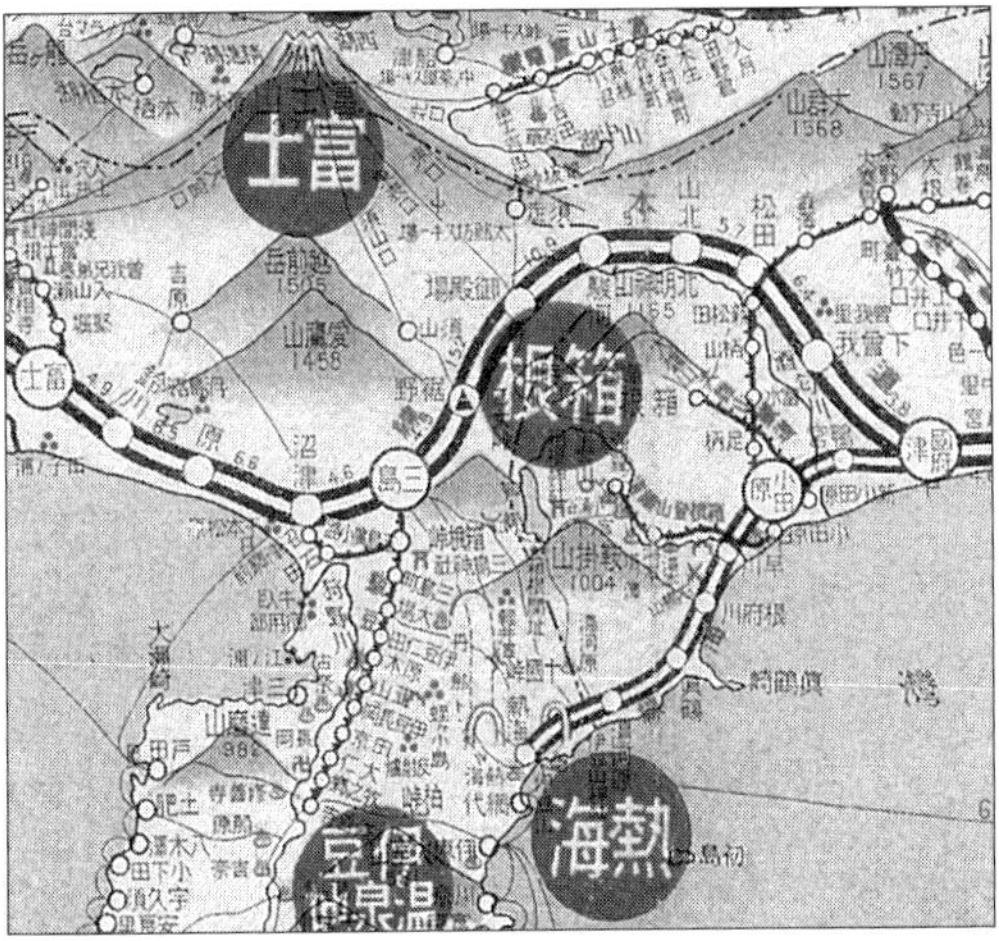

『新鉄道地図』（三省堂／昭和８年発行）
東海道本線が御殿場経由だった頃。

『最新鉄道旅行図』（三省堂／昭和10年発行）
丹那トンネル開通後の東海道本線。

線（国府津《こうづ》〜沼津《ぬまづ》）だろう。同線は昭和九年（一九三四）一二月一日、丹那トンネルの営業運転開始を機に支線の御殿場線となった。これにより東海道本線の同区間は距離が二割短くなり、勾配も最大二五パーミルから一〇パーミルに緩和されたため、この区間を走る特急や急行は軒並み二〇分程度の時間短縮を果たしている。

同日には山口県内で岩国〜櫛ヶ浜《くしがはま》（徳山の手前）の短絡線（現岩徳《がんとく》線）が開通し、こちらが山陽本線となった。これに伴い柳井《やない》経由の旧山陽本線は柳井線と改められている。距離も三分の二に短絡された。ついでながら長崎本線もその同じ日に短絡を果たしている。それまで肥前山口《ひぜんやまぐち》〜武雄《たけお》（現武雄温泉）〜早岐《はいき》〜大村《おおむら》〜諫早《いさはや》という大迂回路線であったのを有明海沿いのルートに改め、肥前山口〜諫早の距離を七割に縮めたのである。これにより東京〜長崎の距離は合計六〇キロも短縮された。現在の佐世保《させぼ》線の一部（肥前山口〜早岐）と大村線はそれ以前の長崎本線である。

旧本線が太平洋戦争中の昭和一九年（一九四四）に本線に再び返り咲いたケースが山陽本線だ。戦局が厳しさを増していた当時は海上輸送の危険が高まり、また民間船舶が徴用により不足していたこともあり、輸送を大々的に鉄道へシフトさせる「陸運転移政策」が行われた。これを受けて全国の主要幹線では輸送力増強のため複線化や信号場の増設が急務となる。山陽本線でも単線区間の複線化が進められることになったが、岩徳線ルートにある欽明路《きんめいじ》トンネルの複線化がネックで、長いトンネルを掘るのが時間的にも資材的にも余裕がなかったため、再び柳井経由の線（柳井線）を山陽本線に戻したのである。短絡ルートの方は現在に至るまで岩徳線として存続、気動車の普通列車が地域の足を支えている。

支線のない「本線」が存在する理由

日高本線は苫小牧《とまこまい》から太平洋の海岸線に沿って静内《しずない》（現新ひだか町）、浦河《うらかわ》などの町を経て様似《さまに》に至る全長一四六・五キロの路線である。特急や急行はなく、普通列車のみが一日七〜一〇往復する地方交通線だが、何はともあれ「本線」だ。一方で同じ道内にも石勝線のように特急が頻繁に通っているのに「本線」でない線がある。

日本の官営鉄道の路線に正式名称（国有鉄道線路名称）が付いたのは明治四二年（一九〇九）一〇月一二日のことである。この日をもって全国の国鉄（当時は鉄道院）の路線は二三の部（本線クラス）とそれに所属する七二線が定められ、「〇〇本線」または「〇〇線」のいずれかを名乗ることになった。たとえば横須賀線や武豊線などは東海道本線から枝分かれするので、「東海道線」の部に所属した。

「本線」はいわば「部長」である。日高本線には現在、「部下」である支線が存在しないが、昭和六一年（一九八六）までは鵡川《むかわ》駅から富内《とみうち》線という支線が分岐していた。その富内線が鵡川駅で接続したのは昭和一八年（一九四三）一一月一日で、この日をもって日高線は日高本線にめでたく「昇格」したのである。そんなわけで「本線」には支線を持って初めてなれる。本線昇格はもちろんここだけではなく、留萌《るもい》線は羽幌《はぼろ》線という支線が誕生した昭和六年（一九三一）に留萌本線（現留萌本線）となったし、九州でも久大線が久大本線に昇進したのは、恵良《えら》駅で分岐する宮原《みやのはる》線が開通した昭和一二年（一九三七）のことである。

ところが一九八〇年代の国鉄改革の嵐で地方ローカル支線が相次いで廃止されてからは、日高本線や留萌本線のように支線を持たない本線が続出することになった。特に国鉄改革以来、約一四〇〇キロという大々的な廃止が行われた北海道では、名寄《なよろ》本線のように本線そのものが廃止されるという「悲劇」も起きている。

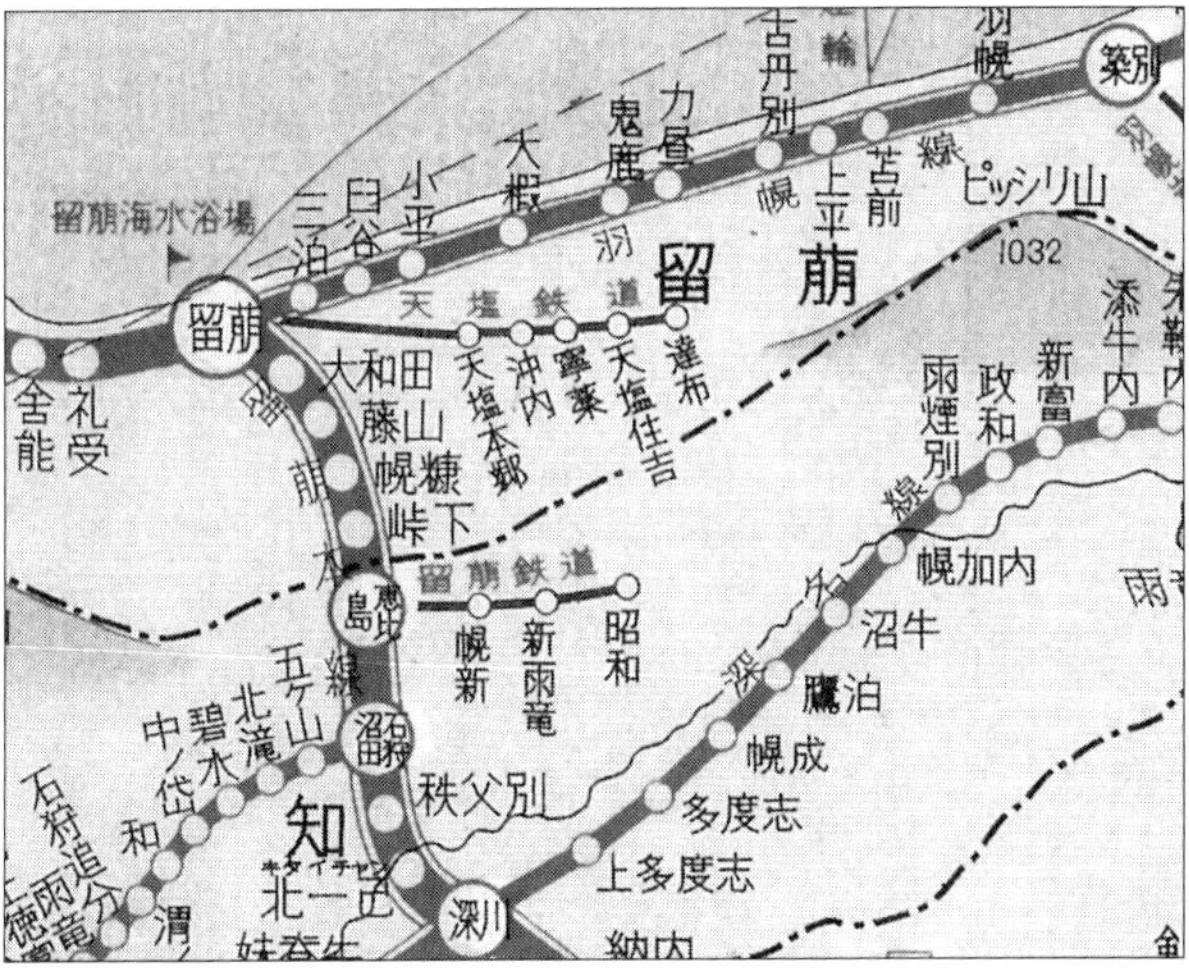

『全国旅行案内図』（観光展望社／昭和38年発行）

四国ではJR化翌年の昭和六三年（一九八八）に予讃・土讃・高徳《こうとく》・徳島の四つの「本線」から「本」が一斉に外され、すべて「ヒラ」になった。いずれにせよ、それぞれの「本線」も命名されて相当時間が経過し、自動車の進出で環境が激変した今日、本線は必ずしも幹線ではなくなった。なお、新しい路線では北海道の石勝線のような明らかな幹線であっても「本線」と命名されることはなく、昭和三四年（一九五九）に全線が開通して本線を名乗るようになった紀勢本線（以前は紀勢西線・紀勢東線）以来、一つも本線は誕生していない。

私鉄にも意外に本線はある。たとえば阪急電鉄の神戸本線・宝塚本線・京都本線がそれで、それぞれ神戸本線は伊丹《いたみ》線、甲陽《こうよう》線と今津線、宝塚本線は箕面《みのお》線、京都本線は千里《せんり》線と嵐山線という支線を擁している。東武鉄道では最大の路線が「伊勢崎《いせさき》線」なのに対して東上線の正式名称は東上本線である（支線に越生《おごせ》線）。中小私鉄にも意外にあって、大井川鐵道の金谷《かなや》〜千頭は大井川本線と称する（井川線が支線の扱い）。規模の小さな路面電車にもあって、豊橋鉄道には井原〜運動公園前のわずか〇・六キロの支線をもつ東田本線が存在する。全長は四・八キロ、おそらく「日本一短い本線」ではないだろうか。

さて、ここまで書いて混乱させるのも申し訳ないが、実はJRになってから国土交通省鉄道局監修の『鉄道要覧』に掲げられている線名には「本線」が存在しない。たとえば「東海道線」や「東北線」などが「正式」なのだという。とはいえJTBやJRの時刻表の上で「本線」はまだ健在だし、駅の案内などは両者が混在した状態だ。さらに昨今では東北本線の一部を「宇都宮線」としたり、東海道本線および北陸本線の一部を「琵琶湖線」などと愛称を付けることも広く行われるようになったので、何が「正式」か議論するのは空しい。筆者個人としては、「本線」という言葉には基幹交通を支えている威厳が漂っていて好きなのだが。

地形図で石灰鉄道を観察する楽しみ

青梅《おうめ》線と秩父《ちちぶ》鉄道の共通点は何か。どちらも東京から日帰り登山によく使われる電車、というのも正解だろうが、歴史的に見れば両線とも石灰石輸送と大きく関わってきた路線である。秩父鉄道は埼玉県西部の盆地・大宮郷（現秩父市）の地元有力者たちの出資で明治三四年（一九〇一）に熊谷《くまがや》～寄居《よりい》の開業で始まり（当初は上武《じょうぶ》鉄道）、大正六年（一九一七）には影森《かげもり》駅まで延びた。その時から武甲山《ぶこうさん》で切り出した石灰石をセメント原料として運び始め、現在に至るまで石灰石輸送が続けられている。ちなみに秩父鉄道の筆頭株主は太平洋セメント（旧秩父セメント。平成二四年の持ち株比率は約三三％）である。

青梅線はさらに古く、明治二七年（一八九四）に立川《たちかわ》～青梅を開通させた。当初は青梅鉄道という私鉄の軽便鉄道で、石灰石と沿線の木材資源の運搬を主目的として地元資本により敷設されている（昭和四年から青梅電気鉄道）。青梅周辺は江戸時代から石灰の生産が盛んで、江戸初期に整備された青梅街道も、江戸城の壁や塀の膨大な漆喰《しっくい》需要をまかなう目的があった。

青梅鉄道は明治二八年（一八九五）には日向和田《ひなたわだ》（現在地とは異なる）まで延びて、駅前の石灰鉱山からの石灰石輸送を開始、昭和四年（一九二九）には御嶽《みたけ》まで延長された。そこから先は戦時中の工事で、日本鋼管（現ＪＦＥスチール）や浅野セメントなど石灰を大量に必要とする会社が出資した奥多摩電気鉄道が工事を始めている。当時はるか山奥で大量輸送手段のなかった日原《にっぱら》から石灰石を運び出すための路線で、その「最寄り」の氷川《ひかわ》（現奥多摩）まで開通したのは戦争中の昭和一九年（一九四四）。完成と同時に戦時国策に沿って国有化（戦時買収）され、国鉄青梅線としてスタートしている。それ以来、山峡を石灰列車が行く風景は青梅線の風物詩であったが、残念ながら平成一〇年（一九九八）にトラック輸送に切り替えられて姿を消した。

石灰石は鉱産資源の中では珍しく国内で自給できるため、炭鉱や銅山などが全滅状態の現在も石灰鉱山は全国各地で稼働中で、石灰石を運ぶ鉄道も、減ったとはいえ各地に存在している。石灰鉱山は露天掘りが多いため、鉱山のすぐ傍らで今も石灰石を運び出している鉄道を地形図で観察すると、なかなか印象的な絵柄だ。秩父鉄道の影森駅からは石灰鉱

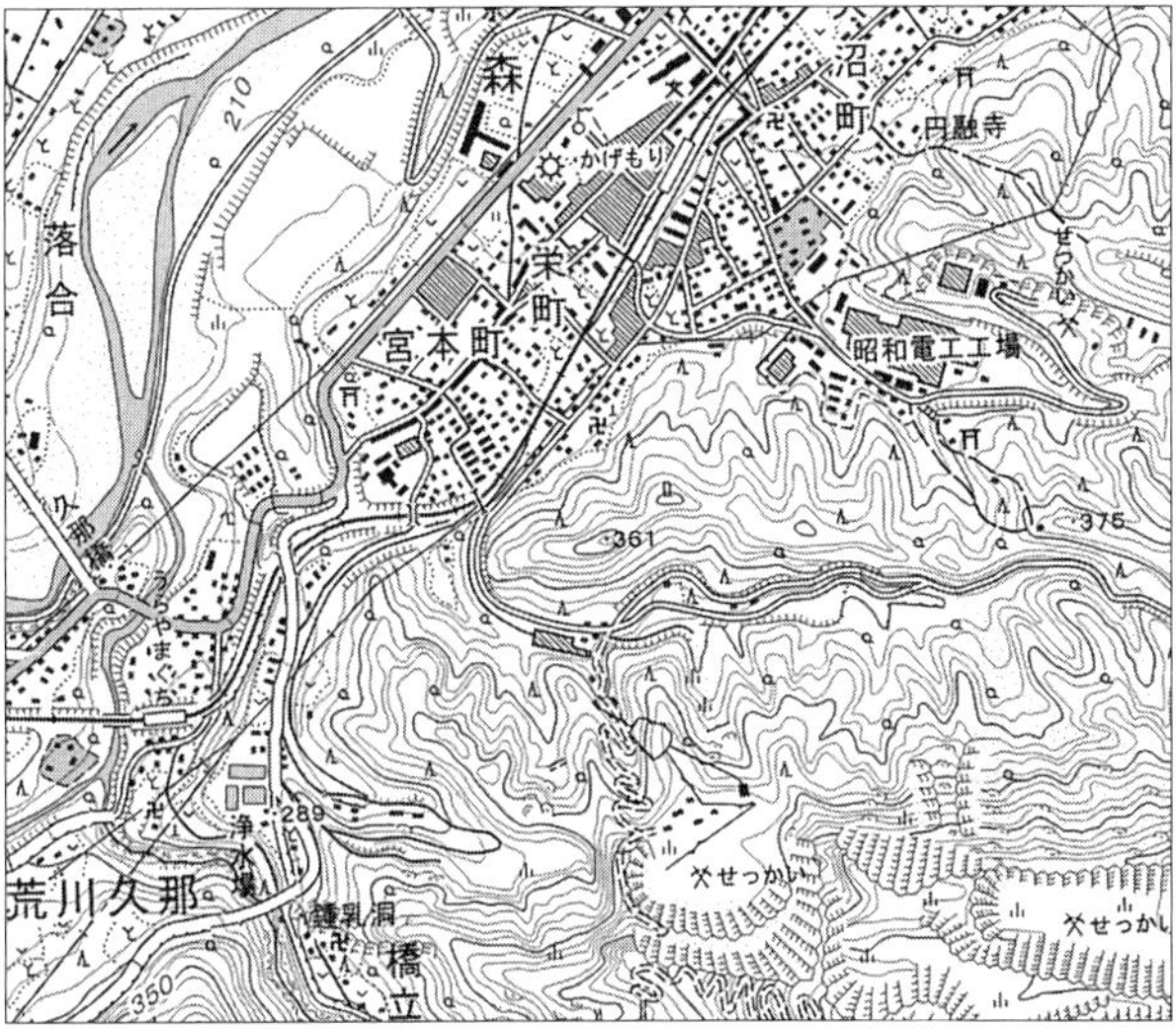

2万5000分の1地形図「秩父」(平成18年更新)

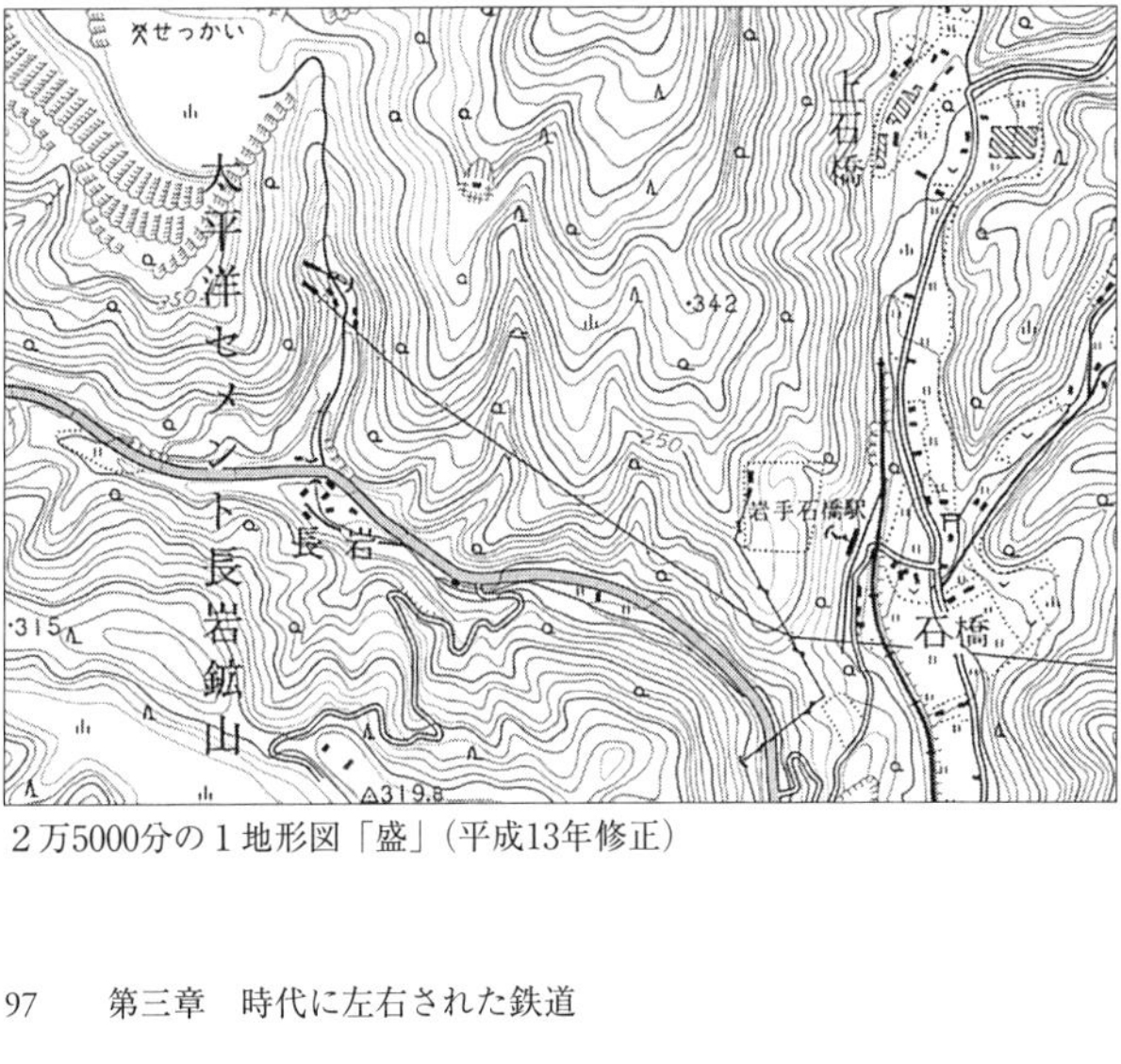

2万5000分の1地形図「盛」(平成13年修正)

山へ線路が延びていて（前頁上図）、今も石灰列車が運転されている。

岩手県南東部にある岩手開発鉄道も元気な石灰鉄道の一つで、旅客輸送は廃止されたものの、石灰列車は頻繁に運転されている。前頁下の図は岩手石橋《いしばし》駅付近で、長岩鉱山からベルトコンベアが駅に通じ、列車はここから一一・五キロ下った大船渡《おおふなと》市の赤崎にある太平洋セメント大船渡工場まで走っている。駅の位置が本線上にないのは急勾配のためスイッチバック式となっているからで、終点がスイッチバックなのは現存する鉄道では全国でもここだけだ。かつては新潟県の国鉄赤谷《あかたに》線（新発田《しばた》～東赤谷）の東赤谷駅がスイッチバック式の終着駅であった（昭和五九年廃止）。

なお、岩手開発鉄道は平成二三年（二〇一一）三月の東日本大震災でJR大船渡線と接続する盛《さかり》駅付近が浸水したため運休していたが、JRや三陸《さんりく》鉄道に先だって同年一一月に運転再開を果たしている。

ダム建設のために移動させられた路線

日本の国土はおよそ三分の二が森林である。このうち平地林は全体から見ればわずかなものだから、ほぼ同じ割合が山の中ということになる。そんなわけで必然的に日本の鉄道は谷間を走ることが多い。ところが電源開発者も谷を使いたい。川をダムで堰《せ》き止めて貯水池にするためだが、それにより水没する交通路には別ルートが用意される。

特に高度成長期以来、電力や水の消費量増大に対応すべく巨大なダムが全国各地に作られた。移動させられた鉄道は数多いが、わたらせ渓谷鐵道でも国鉄足尾《あしお》線時代に首都圏の水需要確保のために巨大ダムの建設が決まり、これを回避すべく長大な草木《くさき》トンネル（五二四二メートル）が掘られた。昭和四八年（一九七三）に線路は付け替えられ、その際に神《ごう》土《ど》（現神戸）〜沢入《そおり》（現在の読みは「そうり」）間にあった草木駅とその周辺に点在していた民家二三〇戸は水没した。ダム湖の名前には水没した集落の名がつくことが多いが、先祖伝来の土地をやむなく手放した住民にしてみれば、せめてダム湖やトンネルに地名を残したいのは人情だろう。

さて、日本最大のダム付け替え線といえば飯田線である。静岡県の北西端に位置する中部《ちゅうぶ》天竜《てんりゅう》〜大嵐《おおぞれ》だが、このあたりはやはり電源開発のために三信《さんしん》鉄道が敷設した区間だ。旧線は天竜川沿いにずっと北上していたが、その本流に当時日本一の佐久間ダムが建設されることになった。このため東または西に迂回するルートが比較検討され、結局は水窪の町があって需要が見込める水窪川沿いのルートに決定、昭和三〇年（一九五五）に新線は開通した。

これにより豊根口《とよねぐち》、天龍山室《てんりゅうやまむろ》、白神《しらなみ》の三駅は廃止され、新たに相月《あいづき》、城西《しろにし》、向市場《むかいちば》、水窪の四駅が開業、佐久間駅も移転している。中部天竜～大嵐の距離は一四・一キロから一八・四キロと三割増しになったが、断崖の中腹を穿つ多数の小トンネルがなくなったため、トンネルの数は合計三〇か所以上も少なくなった。これを新旧の図で比較してみると、「隣の谷」である水窪川沿いへ移るのに峰トンネル（三六一九メートル）、また戻るために大原トンネル（五〇六三メートル）という二つの長いトンネルが掘られたことがわかる。

他のダム付け替え線としては空知川《そらちがわ》・滝里《たきさと》ダムの建設に伴う北海道・根室本線の野花《のか》南《なん》～島ノ下《しまのした》間、和賀《わが》川・湯田《ゆだ》ダムの北上線（岩手県・和賀仙人《せんにん》～ほっとゆだ間）、大井川・長島ダムの大井川鐵道井川線（静岡県・アプトいちしろ～接岨峡《せっそきょう》温泉間）、芦田《あしだ》川・八田原《はったばら》ダムの福塩《ふくえん》線（広島県・河佐《かわさ》～備後三川《びんごみかわ》間）などがあるが（以上の駅名は現在）、これら旧線の痕跡は渇水時に時おり姿を現し、「公益」のために水没した家々のことを思い起こさせてく

20万分の１地勢図「豊橋」（昭和24年修正）×1.1

↓

20万分の１地勢図「豊橋」（平成17年要部修正）×1.1

れる。

大規模ダムでここ数年来話題になっているのが群馬県の八ッ場《やんば》ダムである。そのまん中に位置する川原湯《かわらゆ》温泉では半世紀に及ぶ反対運動に住民も疲弊し、ようやく建設容認となったところで平成二一年（二〇〇九）に政権交代、民主党が「コンクリートから人へ」をスローガンに華々しく工事中止を宣言した。しかしその後、同じ民主党の国土交通大臣が建設再開を表明するなど情勢は混乱している。

それでも谷の南側に付け替えるはずだった吾妻《あがつま》線の工事予算は継続して付いていたらしく、近いうちに完成するようだ。新ルートは川原湯温泉駅がダム湖畔に移転、前後の区間は八ッ場トンネル（四五八二メートル）など大半がトンネル区間となる。その一方で日本最短のトンネルとして有名だった樽沢《たるさわ》トンネル（七・二メートル）の区間は付け替えにより廃止となる。ただし水没区域外にあるので、その気があれば保存はできそうだ。

リアス式海岸を串刺しにするトンネル

三陸鉄道の線名は北リアス線（宮古《みやこ》〜久慈《くじ》）、南リアス線（盛〜釜石《かまいし》）という。日本を代表するリアス式海岸を貫いて走るからだが、リアス式海岸はスペイン北西部のリアス地方に顕著な地形であることから名付けられたもので、山地が沈んで（または海面が上昇して）谷が海になった。ノコギリ状の海岸線が特徴だ。なお細かいことを言えば、北リアス線が走っている宮古以北は沈降海岸のリアス式ではなく、逆の「隆起海岸」である。

リアス式海岸はたいてい平地に乏しくて耕地は少ないが、その代わり天然の良港として有力な漁港、所によっては軍港に発展した例もある。ただし大津波が来ると波が増幅されて激甚な被害をもたらすこともあり、三陸地方でも何度か集落が根こそぎさらわれる規模の被害に遭った。このため車窓を注意していると、各地で巨大な防波堤を、河口付近では堅固な堰《せき》を見かけたものであった。

リアス式海岸は、勾配の苦手な鉄道にとっては昔から難しい障壁だった。山が海に突き出した地形だから、海岸に沿う街道は山を一つずつ葛折《つづらおり》の峠道で越えるしかなかったが、鉄道ではそうもいかず、一気にトンネルで抜けるか、大幅に内陸部へ迂回する方法を採った。しかし三陸ではいずれも難しく、海岸に沿う三陸鉄道が全通した昭和五九年（一九八四）には、すでに国鉄ローカル線建設を見直す時代に入っていた。

20万分の１地勢図「一関」（平成18年修正）

特に南リアス線は典型的なリアス式海岸をいくつもの長いトンネルで串刺しにしていくもので、その地形の険しさを現地に見れば開通が遅くなった理由を実感できる。特に三陸駅から釜石にかけてはひと駅ごとに羅生《らしょう》トンネル（一九七八メートル）、鍬台《くわだい》トンネル（三九〇六メートル）、石塚《いしづか》トンネル（四六七〇メートル）など長いトンネルが連続し、海のそばを走るより闇の中の方がはるかに長いほどだ。

似ているのが紀勢本線の尾鷲《おわせ》～熊野市《くまのし》。ここは明治二四年（一八九一）以来の歴史ある紀勢本線の中にあって最後（昭和三四年）に開通した区間で、ようやく紀勢東線と紀勢西線が結ばれて全線が開通、紀勢本線となった。沿線を地図で眺めてみれば、背後には熊野の重畳たる山々がどこまでも続いており、長いトンネルを穿つしかなかった事情がよくわかる。

もう一つ、東京から最も近くでリアス式海岸を走る電車といえば京浜《けいひん》急行が代表だろう。追浜《おっぱま》で横須賀市内に入ると次々とトンネルをくぐり、その合間に駅が設けられている。尾根と尾根の間の狭い谷には家がびっしり立ち並び、それでも足りずに山の上にまで進出している。これは防御に優れたリアス式海岸ゆえ、「帝都」を守る軍港として発展した証だ。

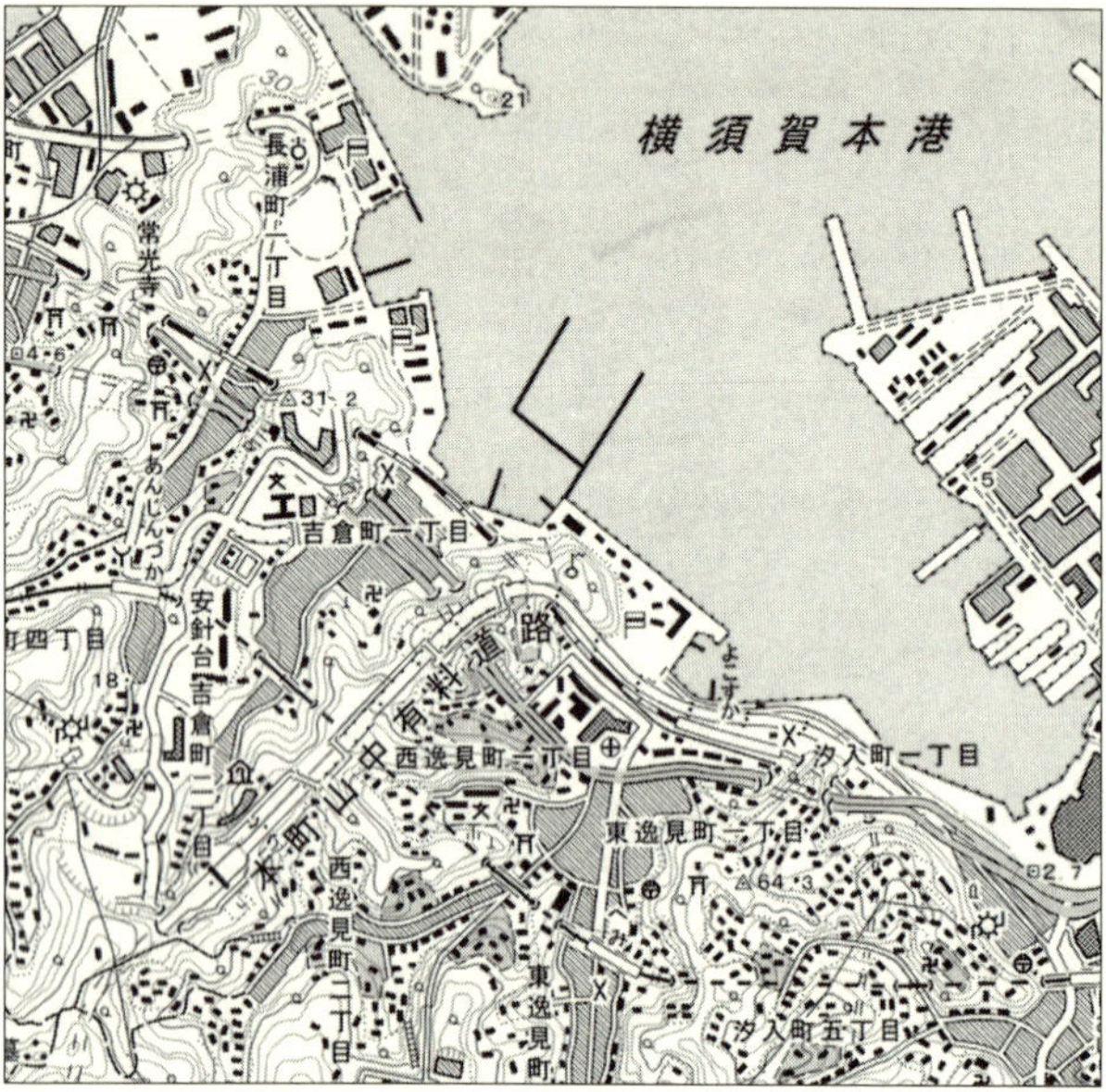

2万5000分の1地形図「横須賀」(平成18年更新)

平地が乏しいのに海軍工廠《こうしょう》などで働く多数の従業員が住むところも必要だから、家々が山に登るのは必然だったのである。狭い谷間の駅名もかつての軍需部前は安針塚《あんじんづか》に、横須賀軍港は横須賀汐留駅に改称された（現在は汐入《しおいり》）。改称が行われたのは日本と米英などの諸国をめぐる情勢が緊迫の度を増していた昭和一五年（一九四〇）一〇月のことである。

原稿を執筆してから新書になる間、平成二三年（二〇一一）三月一一日に東日本大震災があり、堤防や堰の多くが巨大な津波によって徹底的に破壊された。リアス式海岸だけでなく千葉県の一部から茨城県、福島県、宮城県、岩手県、青森県や北海道の一部という広範囲に及んでおり、沿岸の鉄道線路の被害も甚大だった。岩手、宮城、福島各県の海岸沿いの路線の多くは平成二五年（二〇一三）九月の時点で復旧していない。高台などへの集落の移転も決着せず、また鉄道の今後の位置付けも未定などの理由で、復旧工事に着手することさえできない区間が多いのである。

リアス式海岸を走る三陸鉄道も大きな被害を受けたが、それでも建設時期が新しくトンネル区間が多く、線形が良いことに加えて会社と沿線住民の復旧への強い意志、国の補助もあって復旧は着々と進んでおり、北リアス線は平成二五年九月現在、小本《おもと》〜田野畑《たのはた》以外の区間を運転再開している。同二六年四月には全線復旧の見通しだ。これまで全面運休していた南リアス線も、平成二五年には盛〜吉浜《よしはま》が運転再開した。翌二六年には残りの吉浜〜釜石の営業再開で全面復旧の見通しである。盛から南側、気仙沼《けせんぬま》や一ノ関《いちのせき》などに通じるJR大船渡線や気仙沼線では、線路敷を利用してバスを走らせる「BRT」の運行も始まっているものの、鉄道としての復活スケジュールは見えていない。

全国でじわじわと増える「高校前」駅

津軽鉄道と弘南《こうなん》鉄道の駅名で目立つのは「高校前」の駅だ。挙げてみると津軽鉄道に五《ご》農校前《のうこうまえ》、弘南鉄道では弘南線に弘前東《ひろさきひがし》高前・柏農《はくのう》高校前・尾上《おのえ》高校前の三つ、大鰐《おおわに》線に弘高下《ひろこうした》・聖愛《せいあい》中高前・義塾《ぎじゅく》高校前の三つ、両鉄道合わせると七つもの「高校前」駅が存在する。

関東の私鉄の駅名を思い浮かべてみると、大学なら駒場東大前《こまばとうだい》（京王井《い》の頭《かしら》線）、明大前《めいだい》（京王線）、東海大学前（小田急小田原線）、中央大学・明星《めいせい》大学（多摩都市モノレール）など多数あるのだが、「高校前」はなかなか見つからない。探したところ、東京近郊ではどうやら江ノ島電鉄の鎌倉高校前だけのようだ。

青森県の私鉄にこんなにも「高校前」が集中しているのはなぜか。これは同県に限らないが地方でモータリゼーションが進み、大人の移動の多くが自家用車に頼っており、ローカル私鉄の乗客に占める高校生の割合が相対的に大きくなったからだろう。通学定期は割引率が高くて鉄道会社の儲《もう》けは少ないのだが、他にお客さんがいないのだから、背に腹は代えられない。そんな背景から、自家用車の保有率が急速に高まってきた昭和五〇年代から、地方私鉄の「高校前」は全国的にじわじわ増えている。乗降客数を見ても、たとえば義塾高校前は弘南鉄道大鰐線の途中駅では二番目の多さ（平成一四年）というから、経営的にも「高校前」駅は意義があるのだ。

津軽の両私鉄では弘南鉄道大鰐線の弘高下（県立弘前高校）が最も古く、全線開通した昭和二七年（一九五二）の開業当時からの駅だ。その次が津軽鉄道の五農校前駅。こちらは県立五所川原農林高校の最寄り駅で、昭和四九年（一九七四）に一野坪《いちのつぼ》駅を移転・改称している。弘南鉄道大鰐線の義塾高校前（東奥義塾高校）は昭和六二年（一九八七）と新しい。これは学校が弘前の市街地から移転したのに伴う開業である。そして平成二〇年（二〇〇八）には城南駅が聖愛中高前に改称された。同鉄道弘南線では柏農高校前（県立柏木農業高校）は昭和五五年（一九八〇）だが、こちらも現在地へ移転した時の設置。同線の尾上高校前（県立尾上総合高校）は平成一一年（一九九九）とさらに新しい。

弘前東高前は南弘前駅が昭和六三年（一九八八）に東工業高前と改称され、その後校名の変更に合わせて平成一七年（二〇〇五）に再改称されたものだ。このように学校名を採用したものの、統廃合や学校の改称があれば駅名改称が必須になるのは悩みの種であろう。

これらの高校前駅を地形図で観察すると、見渡す限りの田んぼやリンゴ畑の中に余裕のある校地があって、駅から一本道が続く風景が読み取れる。ローカル線でも朝の通学時間帯は大勢の高校生で満員だったりするが、彼らが高校前駅でにぎやかに降りていく日常風景も、遠くから来た旅行者には新鮮な風景だ。

青森県ほど高校前駅が集中しているところはないが、やはり昭和五〇年代末から全国で続々と増えている。長崎県では島原鉄道に諫早東高校前駅が、学校が開校した翌年の昭和五九年（一九八四）に開業、静岡県の天竜浜名湖《てんりゅうはまなこ》鉄道でも気賀《きが》高校前駅は昭和六二年、国

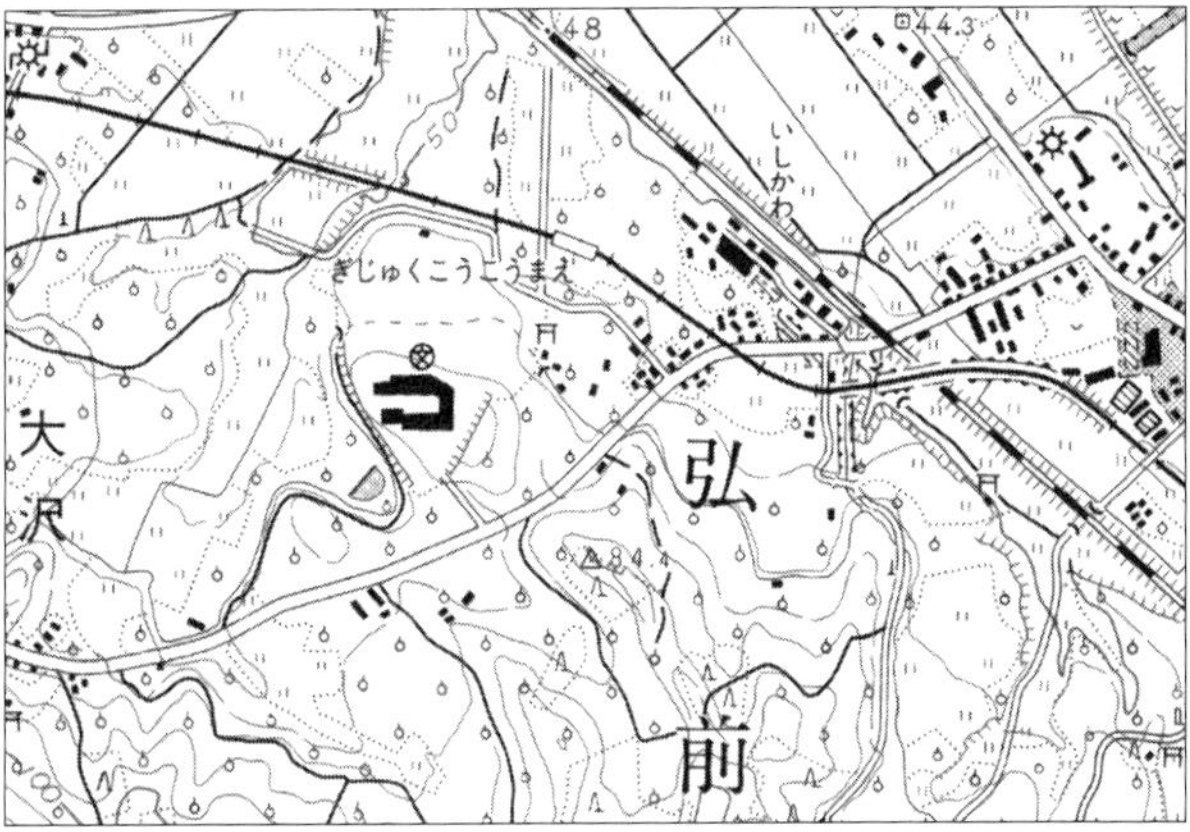

２万5000分の１地形図「大鰐」（平成６年修正）×1.2

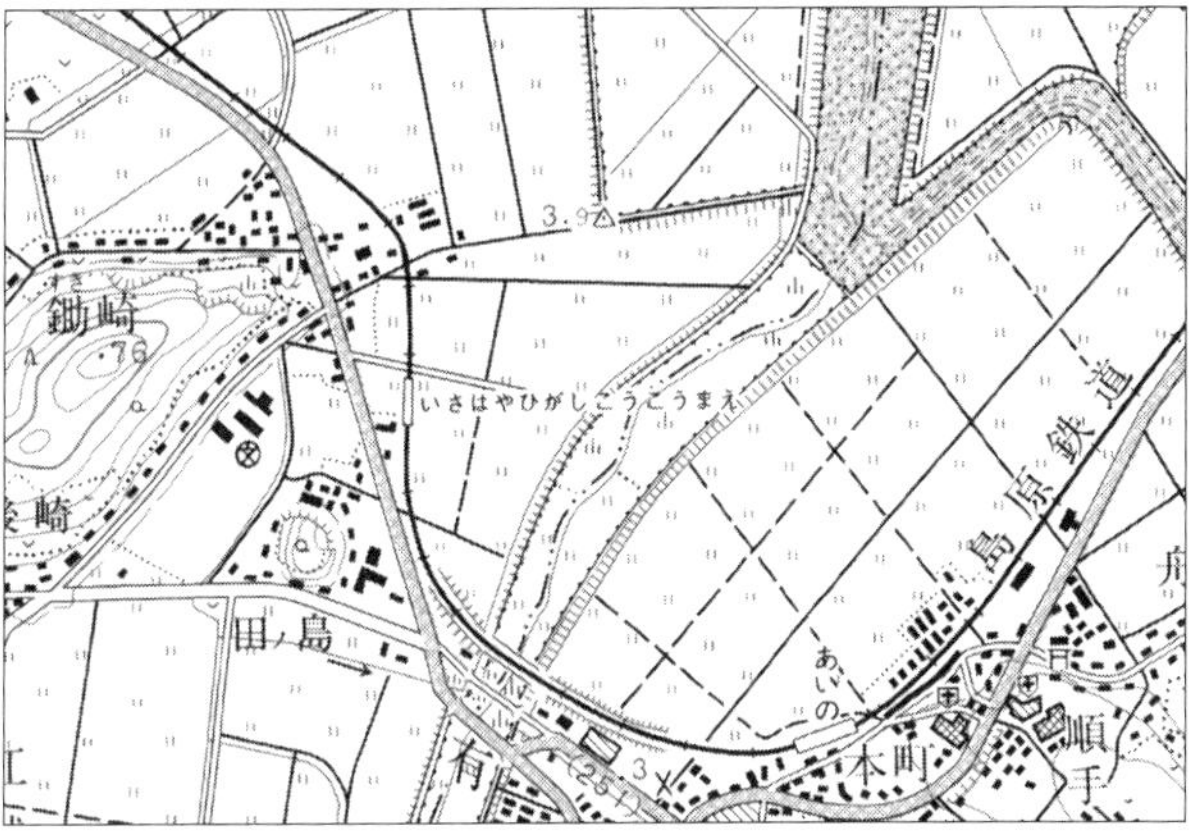

２万5000分の１地形図「愛野」（平成12年修正）×1.2

鉄二保《ふたまた》線が第三セクターに移管された時に開業した。「三セク化」というのは国鉄が不採算で切り捨てた路線を地元で引き受けたものだから、高校の前に駅を作るのは少しでも乗客を増やすための「最初の一歩」であろう。

同様に国鉄会津線が三セク化した会津鉄道は昭和六二年に田部原《たべはら》駅を田島《たじま》高校前駅と改めている。その翌年には、国鉄としては未完のままだった宮福《みやふく》線（京都府・福知山《ふくちやま》〜宮津《みやづ》）の建設を引き継いだ北近畿タンゴ鉄道が大江《おおえ》高校前駅を開業。茨城県の真岡《もおか》鐵道・下館《しもだて》二高前駅もやはり真岡線が三セク化された同年の開業である。国鉄若桜《わかさ》線が三セク化された鳥取県の若桜鉄道でも、平成八年（一九九六）に八頭《やず》高校前駅を開業した。長野新幹線が開業した際の「並行在来線」として信越本線が三セク化されたしなの鉄道も、平成一三年（二〇〇一）に屋代《やしろ》高校前駅を開業している。

私鉄の「専売特許」的な観のあった高校前駅が初めてＪＲ線にもお目見えしたのは平成二一年（二〇〇九）。久大本線の久留米高校前駅である。昭和三年（一九二八）に開業した隣の南久留米駅よりも乗降客数が多いのは、やはり乗客に占める高校生の割合が多くなっている証拠だろう。同じ福岡県の筑豊《ちくほう》鉄道希望が丘高校前駅は、平成二〇年に土手ノ内《どてのうち》駅

（昭和三三年開業）から改称された。

ちなみに現存する最古の「高校前」は熊本市電の商業高校前停留場である。こちらは県立熊本商業高校の目の前に昭和二五年（一九五〇）に設置されたものだ。

勾配緩和のため遠回りする路線

北海道の南西に、本州に向かって手をさしのべるかのような渡島《おしま》半島。この半島を北上する函館本線は七飯《ななえ》駅で二手に分かれて大沼《おおぬま》駅の手前で合流、そこから線路は再び駒ヶ岳の両側に分かれて「いかめし」の森駅で一緒になるが、山の西側を通るのが「駒ヶ岳回り」、東側が「砂原《さわら》回り」と呼ばれている。この間、乗客は大沼・小沼《こぬま》と独特な風貌をもつ駒ヶ岳の車窓風景に注目するところだが、当然ながら駒ヶ岳を四方から眺めるために敷かれた線路ではない。

目的は勾配の緩和であった。もともと明治三六年（一九〇三）に開通したのは駒ヶ岳回りの方で、森から駒ヶ岳駅へ向かう上り列車には二〇パーミルの上り急勾配があり、補助機関車や貨車の牽引両数の制限が強いられるため輸送のネックだった。そこで最急勾配を六パーミルに抑えて建設されたのが砂原回りである。距離は従来線の二二・五キロに対して実に五割増しの三五・三キロと大幅に延びたが、それでも建設された理由は戦争中の事情にあった。

完成は昭和二〇年（一九四五）六月、太平洋戦争の最末期にあたる。地方の新線建設などとっくの昔に凍結され、神社参拝のために敷設された鉄道などは「不要不急」として廃止・休止が相次いでいた時期だ。にもかかわらず「砂原回り」が建設された背景には「陸運転移政策」があった。

太平洋戦争では、真珠湾攻撃をはじめ緒戦の快勝が国民を熱狂させたが、もともと国力の差が歴然たる中で無理矢理に始められた戦争ゆえ、早々に厳しい状況に追い込まれていく。昭和一七年（一九四二）一〇月六日の閣議では「戦時陸運ノ非常体制確立ニ関スル件」が定められ、海上輸送を陸上輸送に転換する方針が実行されることになったのである。海上は敵の攻撃に晒《さら》される危険が大きく、民間の商船も多くが軍に徴用されて不足していた。輸送力確保のため、陸上輸送への切り替えは緊急の要請だった。

鉄道の輸送力増強といえば、具体的には複線化や単線区間の信号場増設などが挙げられ

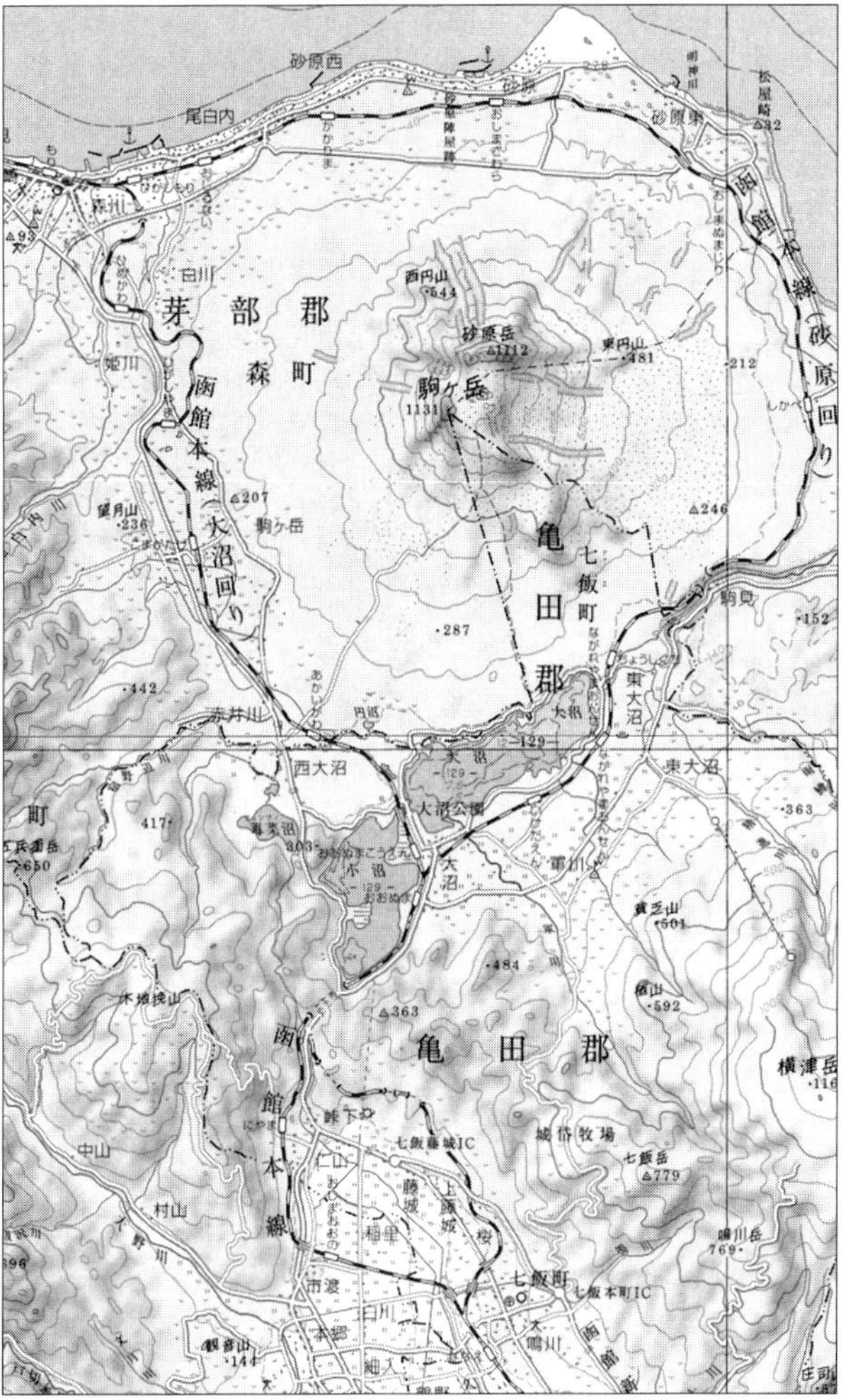

20万分の１地勢図「室蘭」「函館」（ともに平成18年編集）×0.9

るが、急勾配区間ではその区間を下り坂専用とし、上り坂に新たに勾配の緩い別線を建設することがいくつかの重要幹線で行われた。その一つがこの「砂原回り」である。砂原回りのように五割増し、約一三キロも余計に走らなければならないのは非効率に見えるが、急勾配に必須の補助機関車が不要となるメリットは、遠回りの損失を上回った。

戦後は特急・急行も上り列車は砂原回りをよく通ったものだが、最近では機関車のパワーアップでこの程度の勾配はさほど問題ではなくなり、現在砂原回りの上り優等列車は「はまなす」と「トワイライトエクスプレス」（おおむね週四往復）だけとなった。もちろん、両線とも途中駅があるので普通列車に関しては昔から双方向に運転されている。

七飯〜大沼間の東側の線は通称・藤城線（地元の集落名）で、こちらは昭和四一年（一九六六）と比較的新しい。輸送力増強のための複線化の一環として、渡島大野《おおの》〜大沼間の上り二〇パーミルの勾配を緩和すべく、七飯を出た所から山の中腹を徐々に上らせるルートにして、最急勾配を一〇パーミルに抑えた。

その他、戦時中に勾配緩和のために迂回線を作った路線としては昭和一九年（一九四四）に開通した東海道本線の大垣《おおがき》〜関ケ原《せきがはら》間が知られている。こちらも二〇〜二五パーミルが

20万分の１地勢図「岐阜」（平成17年要部修正）

連続していたため、北側の山麓を迂回する下り専用線が一〇パーミルに抑えて建設された。この時に垂井《たるい》駅は上り専用駅となり、下り列車のために新線の方に新垂井駅が設けられた（旧下り線のレールは撤去）。

しかし新垂井駅は市街地に面した垂井駅から約三キロも北西に離れた農村部に位置していたため、当初は鉄道省営のバスが両駅を結んでいた。それでも不便なので二年後の昭和二一年（一九四六）には旧下り線にレールを復活させ、普通列車に限って垂井駅にも下り列車を走らせている。これにより下り列車は新垂井経由と垂井経由の二通りが走ることになったが、新垂井駅の利用者は少なく、昭和六一年（一九八六）

に廃止された。それでも特急や貨物列車は新垂井駅跡を経由する緩勾配線を今も走っている。

東線〜西線、南線〜北線をめぐる物語

蒸気機関車が牽引する「ばんえつ物語」号で知られる磐越西線。この磐越とは、旧国名である磐城《いわき》国と越後国の頭文字をつないだもので、昔から磐越東線と磐越西線は東北本線の郡山《こおりやま》駅を境に二つに分かれている。このうち磐越東線はいわき〜郡山間の八五・六キロ、磐越西線が郡山〜新津《にいつ》間の一七五・六キロ。いわき駅の所在地が旧磐城国、新津駅が越後国に属している。

両者の歴史をざっと振り返って見よう。

磐越西線は岩越《がんえつ》鉄道（会津若松のある岩代《いわしろ》国から越後国）という私鉄で始まったが、その後国有化されて岩越線になった。一方、磐越東線は平《たいら》（いわき駅の旧称）から郡山を結ぶことから平郡《へいぐん》線と称した。しかし大正六年（一九一七）、この両線は福島県の浜通り地方から新潟県を結ぶ「東北横断の亜幹線」に位置付けられ、磐越東線・磐越西線と改称されて

いる。ただ横断といっても開通当初から両線の列車系統は別々で、今も両線を直通する列車は一本もない。

同じく東北横断線の陸羽東線・陸羽西線も同様の関係だ。宮城県の小牛田から山形県の新庄までが東線、その先の庄内町の余目《あまるめ》駅までが西線になっているが、こちらも当初は陸羽線・酒田《さかた》線と別々であった。それを磐越と同じ大正六年に現在の線名に改めている。

このような例とは別に、将来の全線開通を目指して東西・南北に分かれた線名は過去にいくつも存在した。たとえば上野《こうづけ》国（上州）と越後国を結ぶ上越《じょうえつ》線（高崎～宮内《みやうち》）も、清水トンネルの開通で昭和六年（一九三一）に全線がつながる以前は上越北線と上越南線に分かれていたし、広島県の三次《みよし》と島根県の江津《ごうつ》を結ぶ

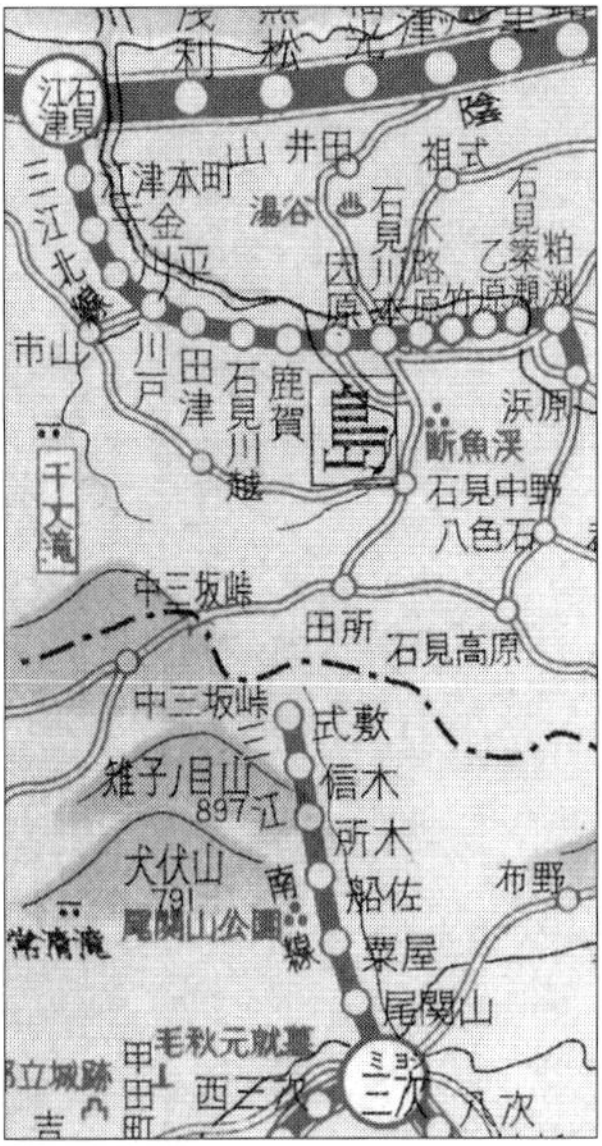

『全国旅行案内図』（観光展望社／昭和38年発行）

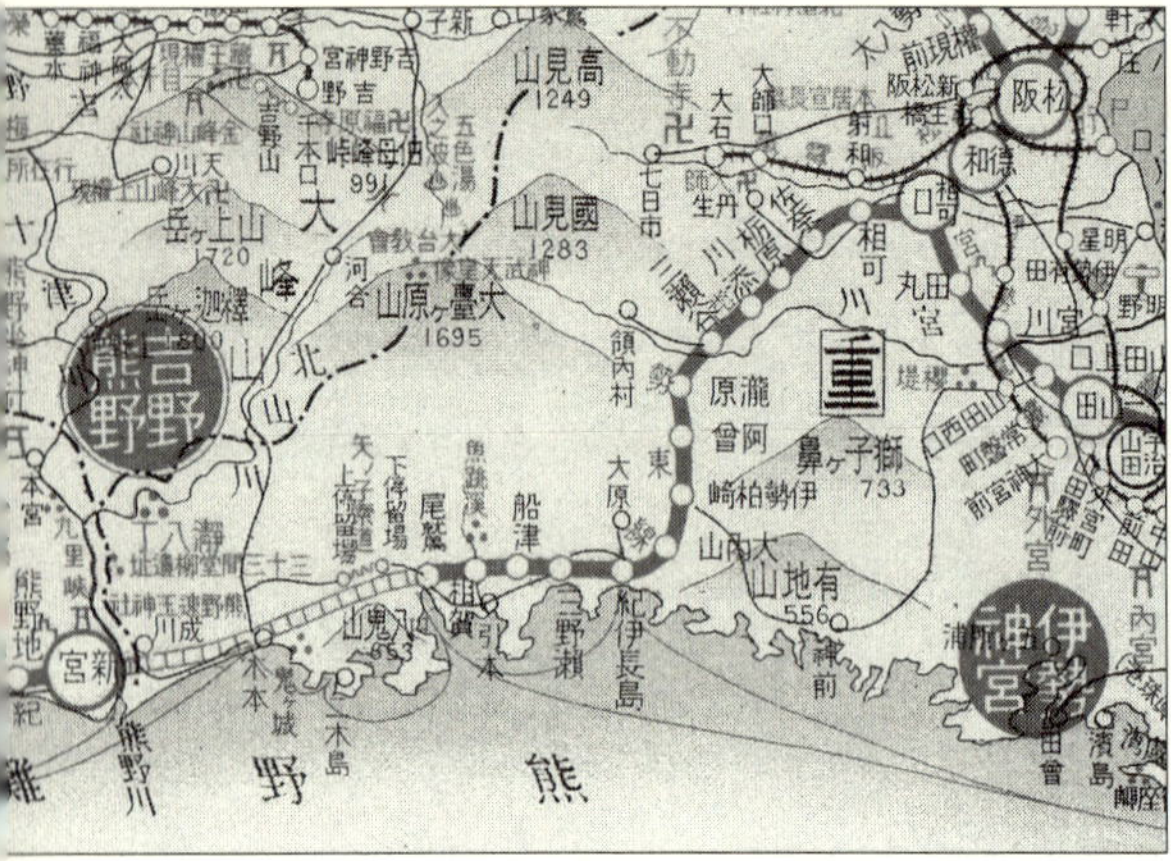

『最新鉄道旅行図』（三省堂／昭和10年発行）

三江《さんこう》線も、昭和五〇年（一九七五）の全線開業まで、三江北線・三江南線と称した（前頁の図）。

もっと古い例では、中央本線（東京～名古屋）がある。これは今も運転系統の違いから長野県の塩尻を境に「中央東線・西線」は通称として広く使われているが、木曽福島《きそふくしま》付近で全通するまでは、正式に中央東線と中央西線に分かれていた。ただし正式にこれが用いられたのは明治四二年（一九〇九）一〇月一二日の「線路名称制定」から一年半後の同四四年五月一日の全通までの短期間ではあったが。

珍しいのは三つに分かれていた頃の紀勢本線。こちらは東線・西線に加えて中線もあった。紀

勢中線―キセイチュウ線という語呂が異彩を放つが、昭和一〇年（一九三五）発行の『最新鉄道旅行図』（三省堂。上図）でわかるように、この線は他の鉄道とつながっていない「離れ小島」だった。もとは大正元年（一九一二）に開業した新宮《しんぐう》鉄道という私鉄だったが、紀伊半島の海岸線を巡る国鉄線の一部に位置付けられ、買収されたのが紀勢中線の始まりである。しかし昭和一五年（一九四〇）には紀勢西線とつながったため、同線の一部となって消滅した。

しかし紀勢西線と東線は、最後に残った尾鷲から紀伊木本（現熊野市）までの区間の敷設が決まりながらも、戦争と険しいリアス式海岸に阻まれて工事はなかなか進まなかった。このうち紀伊木本から六・八キロ東の新鹿《あたしか》までは昭和一四年（一九三九）に着工したものの同一六年には戦争のため中止、再開されたのは戦後の同二七年。その後は長大なトンネルを掘りつつひと駅ごとに開業、全線開通したのは昭和三四年（一九五九）のことであった。この時にようやく紀勢本線が誕生している。「本線」と名の付く路線の中では最後の開通であった。

このように接続を待ちわびるペア線はほとんど消滅しているが、中には越美北線《えつみほく》（福井県）のようにいつまで経っても南線とつながらず、結局は相手の越美南線が第三セクターの長良川《ながらがわ》鉄道に変わって「片想い」を余儀なくされた例もある。今となっては東海北陸自動車道やそれに続く国道一五八号の整備で接続の見込みはほぼなくなった。それでも長良川鉄道の線名は今も「越美南線」と名乗っており、ひそかに志を捨てていない姿勢をとってはいる。

「見てはいけない風景」が削除された地形図

呉《くれ》線の歴史は古い。明治三六年（一九〇三）には山陽鉄道（現山陽本線）の海田市《かいたいち》から南下して鎮守府のある呉までのちょうど二〇・〇キロが開通している。第五師団司令部のある広島から海軍の要港を結ぶ軍事的色彩の濃い路線としてのスタートであった。タイミングよく（？）開通の翌年には日露戦争が始まり、広島に大本営も置かれている。明治二二年（一八八九）に設置された呉鎮守府は、全国に定められた五つの海軍区のうち紀伊半島から九州東岸までを担当したが、ずっと後年になって戦艦大和《やまと》を建造することになる呉海軍工廠が設置されたのは、ちょうど呉線が開業した年のことだ。

要塞地帯である呉とその周辺は、津軽海峡や関門海峡、三浦半島、舞鶴《まいづる》付近などとともに、地形図が一般に販売されていなかった。たとえば呉市や横須賀市など要塞地帯にあたる市街図などを作製しようとする業者はそれぞれの鎮守府の許可が必要で、しかも等高線による地形表現は一切許されず、地形の詳細を隠蔽《いんぺい》するため鉄道のトンネルさえ描かせてもらえなかった例もある。

特に呉軍港を詳しく描写した大縮尺の海図に至ってはトップシークレットで、周囲を赤色の帯が取り巻く「軍事機密」扱い。戦前の地形図や海図の秘密扱いには秘・極秘・軍事秘密・軍事極秘・軍事機密と五段階あったが、その最高ランクであり、所持者が特定できるように一枚ごとに番号が振られていた。

呉線の呉から東側区間については、昭和に入ってから現在の起点である三原《みはら》から西へ呉を目指す「三呉線《さんご》」として建設が始まり、昭和一〇年（一九三五）には三原～海田市間が全線開通、両線を合わせて呉線となった。次頁の図は忠海《ただのうみ》駅付近だが、同じ範囲を描いた下の戦後の図と比べると、戦前発行の上の図では海岸線から南側がすべて隠されていたことがわかる。すぐ沖に浮かぶ大久野島《おおくのしま》も削除されているが、この島には昭和四年（一九二九）に化学兵器工場が設置され、イペリットやルイサイト、催涙ガスなどの「毒ガス」が大量に生産されていた。戦前には地図には何も描かれていないので、呉線の車窓に広がる瀬戸内の島々の風景は「見てはいけない風景」として乗客に緊張を強いるものだったのだろうか。

昭和一二年（一九三七）に刊行された鉄道旅行ガイドブック『旅窓に学ぶ（中日本篇）』（ダイヤモンド社）の呉線のページには、「此の辺から呉要塞地帯内となり、列車の乗務車掌は要塞地域通過に就て禁止事項を車内に触れ歩く。東京から乗り続けて来た旅客は呉近しの興趣が沸く、車内に緊張の色が一寸漂ふ」などとある。広島の原爆をはじめとする多

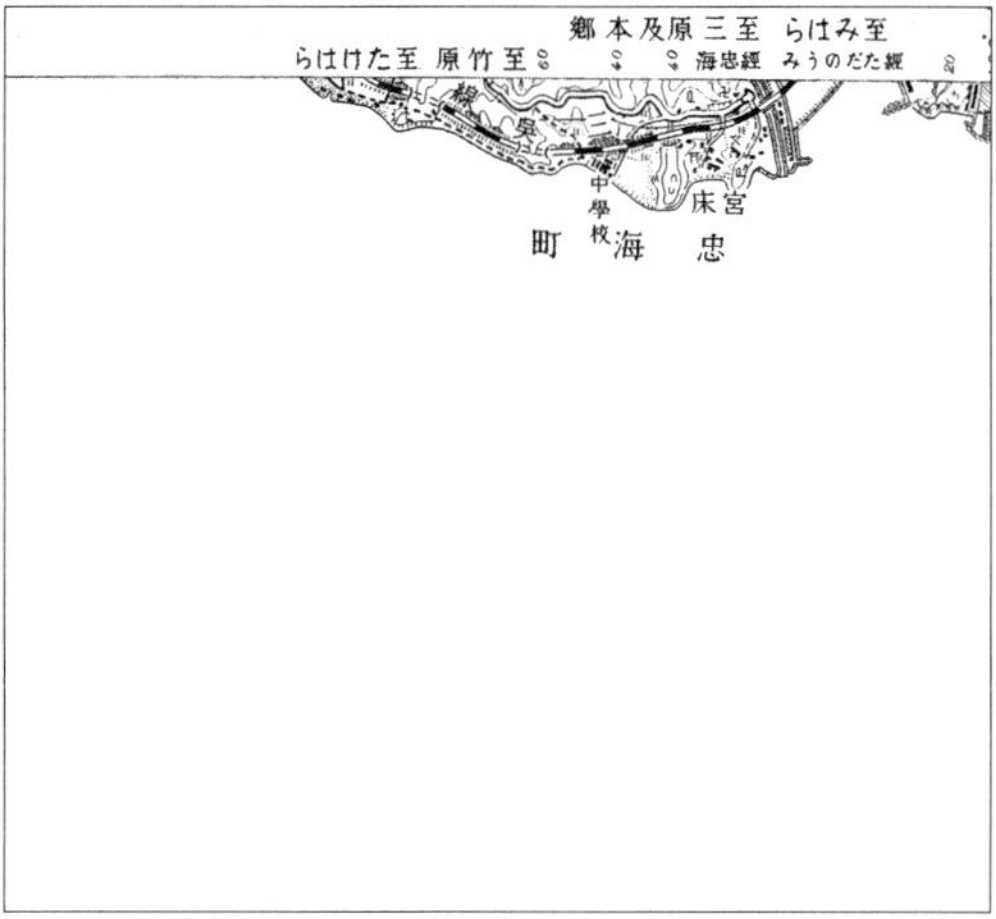

5万分の1地形図「三津」（昭和7年鉄道補入）×0.9

↓

5万分の1地形図「三津」（昭和24年応急修正）×0.9

くの悲惨な出来事を経て、ようやく無条件に車窓を楽しめる世の中が来た。

「帝都」東京への入口、浦賀水道を見張る横須賀鎮守府のある三浦半島一帯も、当然ながら要塞地帯であった。そのエリアに路線をもつ湘南電気鉄道（現京浜急行電鉄の黄金町《こがねちょう》以南）も同様で、「昭和十六年三月二十一日地乙第一六号東京湾要塞司令部許可済」の文字が印刷された同年発行の『京浜・湘南電鉄沿線案内』には目立つところに「注意」として次のような文言が踊っている。

要塞地帯内に於いて許可なく水陸の形状を測量・撮影・模写・録取することは禁じられてをります犯したる者は法律によりて処罰せられます

『護れ要塞　防げよスパイ』

なかなか緊張感に溢《あふ》れているが、その八年前の昭和八年（一九三三）に同電鉄が出した沿線案内の裏面、沿線の観光地を列挙した中に挙げられた「横須賀軍港と追浜海軍飛行場見学」には次のようにある。

東に太平洋の怒濤を受け西に日本海の荒波は踊る、島帝国海防の重鎮横須賀は、工廠の製艦作業を初め、勇壮なる飛行機の爆音、堂々海を圧する数十隻の艨艟《もうどう》（「軍艦」の古語的表現＝引用者注）など、横須賀軍港の見学は一日の旅行に又修養に興味深々たり。

横須賀軍港駅―海軍工廠―軍艦―追浜海軍飛行場―追浜駅　約五時間乃至《ないし》六時間

工廠、軍艦、飛行場等の団体御見学には予め横須賀鎮守府宛見学許可願の提出を要します。其の用紙手続等に就ては当社に御照会下さるれば詳細御通知致します。

現在の自衛隊が時おり公開している「総合火力演習」のように、平時の横須賀鎮守府も、意外にＰＲに余念がなかったようだ。

本線から支線に変更された路線

旅客輸送の主役を新幹線に譲ったとはいえ、今も西日本の重要幹線である山陽本線。当初は山陽鉄道という私鉄として始まったが、最初から勾配を抑えて曲線を緩く保つ「第一級の線路」を敷設した点で画期的であった。創業社長の中上川彦次郎《なかみがわひこじろう》（福沢諭吉の甥《おい》）は瀬戸内海の船舶に対抗するため輸送のネックが生じないよう、最急勾配を一〇パーミルに抑えることを厳命した。山地も多いのでかなりの迂回区間もあるが、堂々たる線形だ。ただし不況下での業績不振で明治二四年（一八九一）に社長が交代した後に建設された広島県内には、二二・二パーミルという例外的な急勾配区間（八本松《はちほんまつ》～瀬野《せの》）が出現、一〇パーミルの「縛り」は徹底されなかった。

岩国～徳山間とその周辺の大正一四年（一九二五）の旅行案内図では、駅名には岩国、藤生《ふじゆう》、由宇《ゆう》……と現在もある駅名が連なっている。ところが一三〇頁上の昭和八年（一九三三）の図では岩国駅が「支線」の終点になっており、その線の分岐点である元の岩国駅が麻里布《まりふ》と改称されている。これは欽明路《きんめいじ》峠越えで岩国～徳山間を近道する新線の建設が始まったためである。海岸線に沿って大きく迂回している岩国～徳山間を短絡しようという計画であった。岩国駅が西側の新線上にできたのは、元の岩国駅が岩国の市街地から遠く離れていたからだ。

一三〇頁下は昭和一一年（一九三六）の図で、その二年前に欽明路峠経由ルートが山陽本線になり、それまでの柳井津《やないづ》（現柳井）経由の旧線は「柳井線」という支線に変わった。新線には峠越えの区間に欽明路トンネル（三一四九メートル）が掘られた。第一級の幹線の一部なので全線の勾配は山陽鉄道の「家訓」に従って（？）一〇パーミル以下、曲線も半径四〇〇メートル以上で設計されている。

これにより従来の山陽本線経由の六五・四キロはちょうど三分の二の四三・七キロに短縮された。所要時間も短くなって結構ずくめと思いきや、太平洋戦争が始まってこのルートも影響を受ける。既に述べたように戦争末期、海上輸送の危険と船舶不足に対応するため全国的に「陸運転移政策」が断行され、昭和一九年（一九四四）、柳井線は複線化されて山陽本線に戻った。長い欽明路トンネルを複線化するよりも迅速に対応できたためだ。かくしてつかの間の「山陽本線」は岩徳線という支線に転落し、今に至っている。

それでも「経由地にかかわらず運賃計算は岩徳線経由」という特例は今も残り、岩国から櫛ヶ浜（徳山の東隣）までの間は近道である岩徳線経由の運賃計算キロが適用され、その距離は新幹線にも引き継がれた。もちろん山陽新幹線のルートは限りなく「岩徳線経

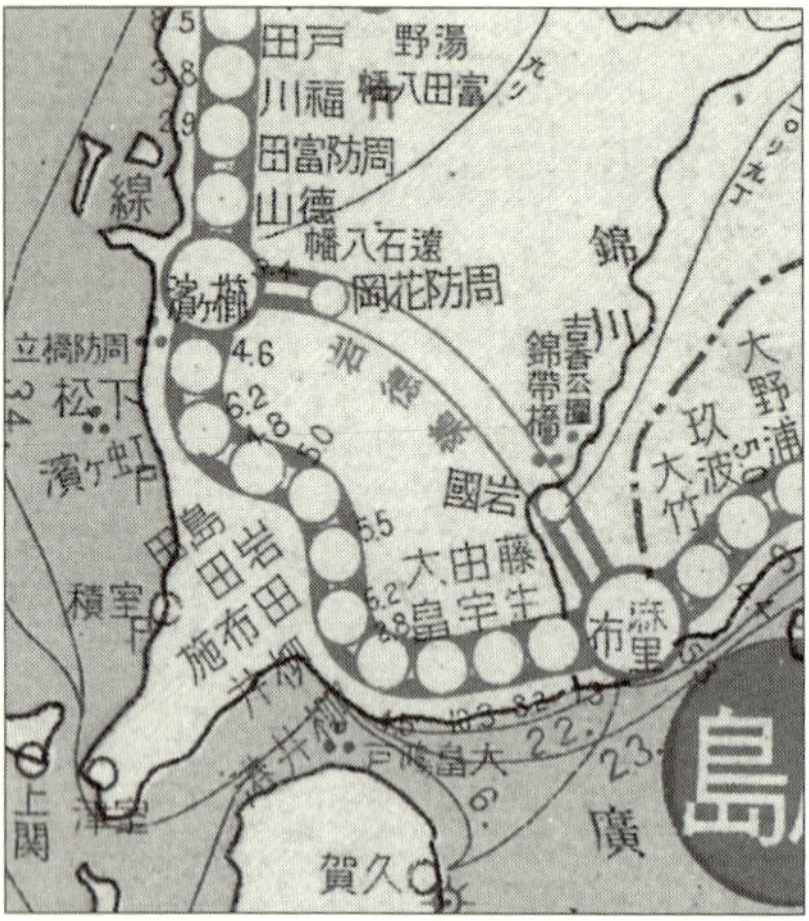

『新鉄道地図』（三省堂／昭和８年発行）

↓

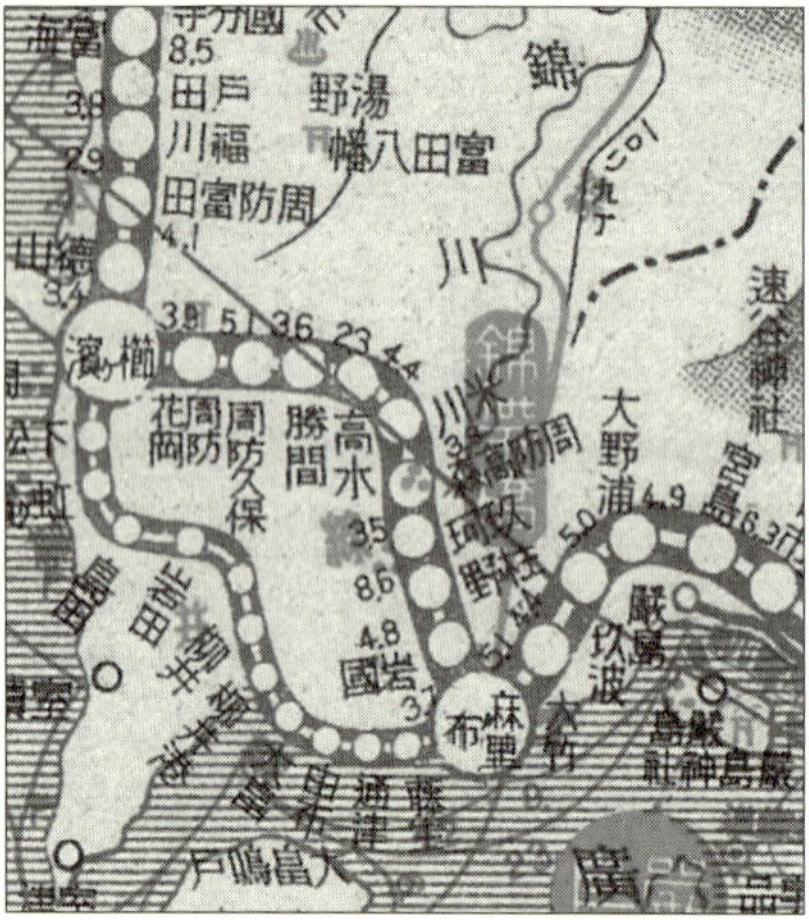

『日本遊覧旅行地図（キング臨時増刊附録）』
（大日本雄弁会講談社／昭和11年発行）

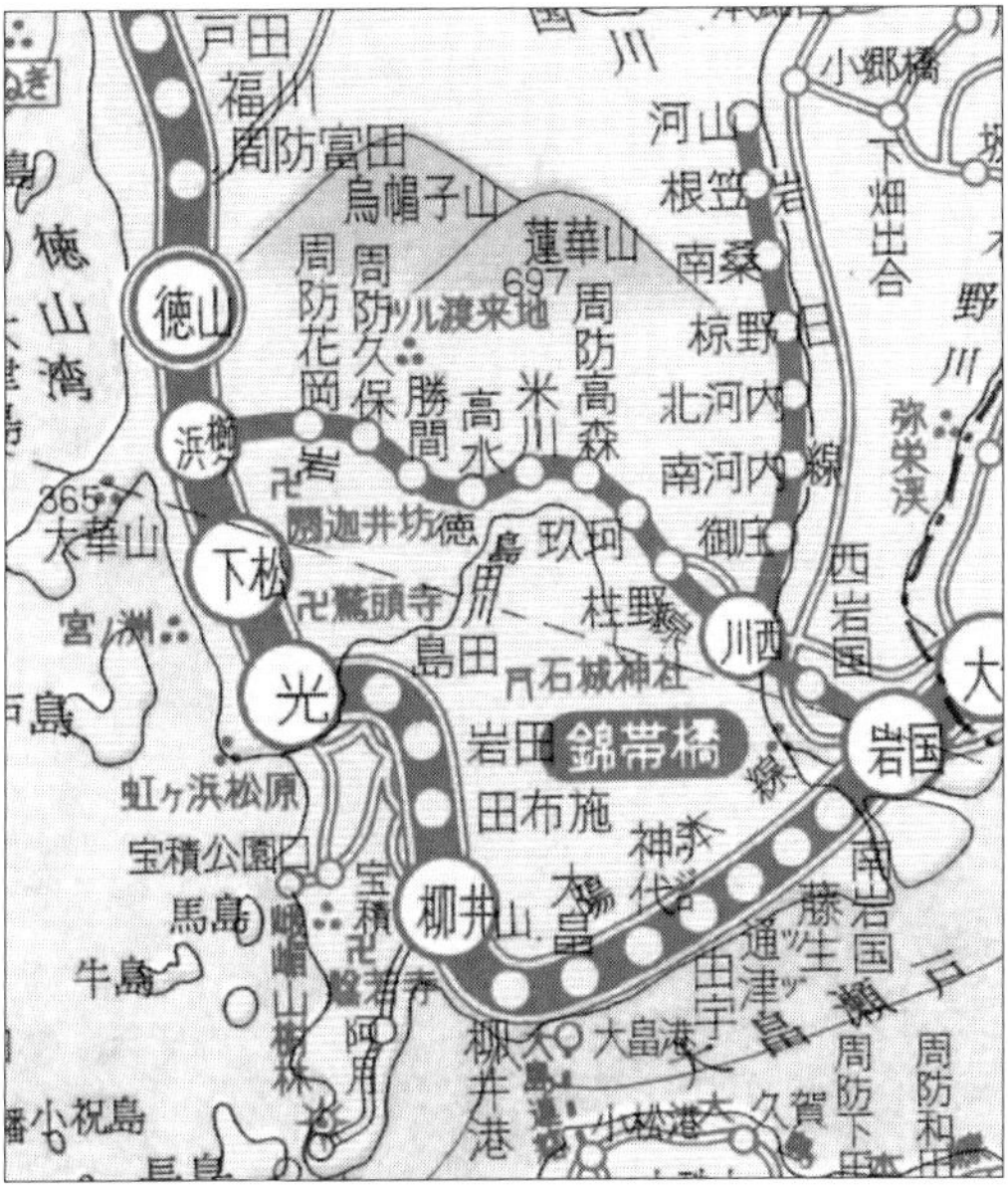

『全国旅行案内図』（観光展望社／昭和38年発行）

由」に近いので当然かもしれないが。ちなみに岩国駅は昭和一七年（一九四二）に麻里布から一三年ぶりに旧称に復し、それまでの岩国駅は西岩国駅となった。

中部山岳地帯に挑んだ鉄道

日本は山国であり、列島のどこを横断するにしても、まず山越えを避けることはできない。特に中部地方の山は険しく、勾配に弱い鉄道にとっては大きな障壁だった。明治になって東京～大阪間を結ぶ幹線として中山道《なかせんどう》経由ルートが検討された際にも、やはり勾配の壁につまずき、東海道に落ち着いた経緯がある。軍部が「艦砲射撃の脅威」を言いつのって海岸沿いを通すのに反対しても、いかんせん中山道ルートは地形が険しすぎて、当時の技術水準からすれば、やはり論外だったのだ。

それでも土木技術の発達とともに険しい山の中に線路を敷き、長いトンネルを掘ることが徐々に可能になってきたため、山里にも「遅い春」が巡ってくる。岐阜と富山を結ぶ高山本線は早くも明治一六年（一八八三）頃に「飛驒《ひだ》縦貫鉄道期成同盟会」が結成され、盛んに陳情が行われていたが、岐阜～高山間を高山線、富山～高山間を飛越《ひえつ》線（飛驒と越中を結ぶ意）として大正六〜七年に敷設が決定、まずは大正九年（一九二〇）、岐阜〜各務ケ《かかみが》原《はら》間一三・二キロの開業でスタートした。

その後は大正一〇年（一九二一）に美濃太田《みのおおた》まで、一一年に下麻生《しもあそう》、一三年に上麻生、

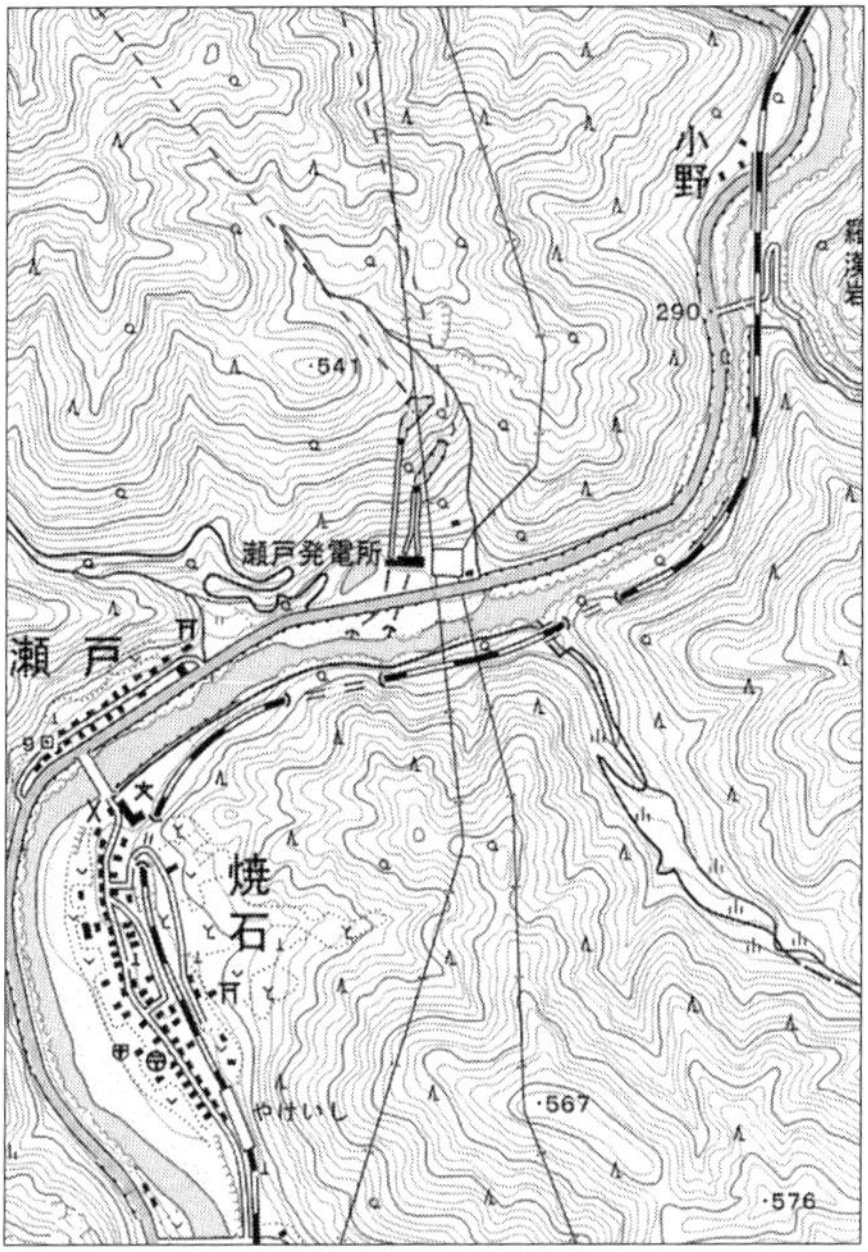

2万5000分の1地形図「焼石」（平成19年更新）

一五年に白川口《しらかわぐち》、昭和三年（一九二八）に飛騨金山《かなやま》、四年に焼石《やけいし》、五年に下呂《げろ》、六年に飛騨萩原《はぎわら》、八年に飛騨小坂《おさか》という具合に、一〜二駅ずつ部分開業を繰り返していく。これは嶮岨《けんそ》な地形での難工事に加えて、特に上麻生〜飛騨金山間では川沿いを通すか東側の旧街道沿いかでの誘致合戦もあり、ルート選定が難航したのも理由という。富山方面からは昭和二年（一九二七）に越中八尾《えっちゅうやつお》まで開業した飛越線が順次延長、昭和八年（一九三三）には宮川の峡谷にある坂上《さかかみ》駅まで達した。

全通少し前の昭和五年（一九三〇）一〇月の時刻表によれば、岐阜から高山へ向かうには、当時の終点・焼石駅まで汽車で約三時間四〇分、そこからバスに乗り換えて飛騨川沿いに遡り、分水界を越えてさらに三時間半をかける長い道のりで、岐阜〜高山間は七時間以上もかかった。それが昭和九年（一九三四）一〇月に高山の前後の区間が開通してめでたく全通、岐阜から快速型の列車で三時間九分（普通列車で約四時間）と劇的に短縮された。城下町の人々は悲願達成に喜びを噛みしめたに違いない。

さて全通した高山本線はともかく、志半ばでそれを果たせなかったのが先にもふれた越美北線・南線である。越前・美濃の両国を結ぶ計画で美濃太田から越美南線が北上、福井からは戦後になって越美北線が東進したが南線は北濃《ほくのう》、北線は九頭竜湖《くずりゅうこ》でストップ。南線は全通どころか廃止の危機を迎えて今は第三セクターの長良川鉄道となった。線名が変わり、時代もクルマが主役となった今、横断鉄道の夢は幻となった。

他にも金沢から名古屋を目指す「金名鉄道《きんめい》」という壮大な計画もあったが、石川県の手取川を少し遡ったものの、自動車の普及に伴って乗客が減少し、昭和五八年（一九八三）に豪雨のため橋梁が危険な状態となり、不通のまま同六二年に廃止されている。名古屋までざっと一五〇キロも残して無念の撤退である。

金名鉄道は昭和一八年（一九四三）に戦時中の陸運統合政策により北陸鉄道金名線となった。手取川をずっと遡り、鳥越村《とりごえ》（現白山市《はくさん》）の白山下という駅まで大正一五年（一九二六）に開業しているが、実はこの鉄道、金沢の白菊町《しらぎくちょう》や野町《のまち》の駅は終点で、白山下駅が「起点」という扱いだった。もし名古屋全通の暁には名古屋から金沢行きが下り列車になる、ということなのだろう。もっとも、金名鉄道のような小私鉄会社が険しい両白山地を越えて名古屋（もしくは越美南線の美濃白鳥《しろとり》）まで完成させられるとは到底考えられず、「名古屋と結びます」と大言壮語することで出資者を多く集めたかったのではないか、などとも指摘されている。

半分以上の駅名が変わった路線

会津若松の城下から南下する会津西街道（会津側の呼称は下野《しもつけ》街道）は、阿賀野川上流部の大川（阿賀川）を遡り、山王峠を越えて今市で日光街道に合流する参勤交代の道だった。しかし険しい山中を行く街道に沿って鉄道を通すのは難儀で、明治以来の悲願が達成されたのは昭和六一年（一九八六）のことである。下野と岩代の両国を結ぶことから野岩鉄道と名付けられ、東武鉄道の鬼怒川線から直通電車が走るようになった。地元の喜びはいかばかりだっただろう。

同鉄道に接続する会津鉄道は国鉄会津線として戦前から部分開業が行われ、昭和二八年（一九五三）に会津滝ノ原《たきのはら》まで延びていたが、その後は峠越えを目前にして止まっていた。野岩鉄道が開業した昭和六一年一〇月、同鉄道との接続地点である駅名は会津滝ノ原↓会津高原と改められた。滝ノ原は地元の昔からの地名だが、沿線人口の少ない野岩鉄道としては観光開発を意識せざるを得ず、改称は不可欠だったのだろう。

その半年後の昭和六二年（一九八七）四月、国鉄会津線はJR東日本の発足とともに同社の会津線となったが、「第二次特定地方交通線」で廃止が決まっていたため、受け皿としてすでに前年の一一月に会津鉄道株式会社が設立され、準備が行われていた。このためJR時代はわずか三か月半のみで、昭和六二年七月一六日に会津鉄道として転換・開業している。

この時の駅名の改称は実に徹底したものだった。上三寄《かみみより》→芦ノ牧《あしのまき》温泉、舟子《ふなこ》→大川ダム公園、桑原《くわばら》→芦ノ牧温泉南、湯野上《ゆのかみ》→湯野上温泉、楢原《ならはら》→会津下郷《しもごう》、会津落合→養鱒《ようそん》公園、田部原→田島高校前、荒海《あらかい》→会津荒海、糸沢《いとざわ》→七ヶ岳《ななつがたけ》登山口と九駅にものぼり、変わらなかった駅名は、只見線と接続している西若松を除けば門田《もんでん》、会津田島など五つだけである。地元の人もさぞ戸惑ったことだろう。

温泉や公園、高校など利用促進への意欲がうかがえる新駅名だが、芦ノ牧温泉南駅など、温泉からほど遠いものが含まれているなど、少し行き過ぎの感じもある。ついでながら会津高原駅も平成一八年（二〇〇六）、会津高原尾瀬口《おぜぐち》と再改称された。尾瀬沼は直線距離でも約四〇キロあり、バスで尾瀬沼の最寄りの沼山峠まで二時間はかかる。これで「尾瀬口」を名乗るのが妥当かどうか意見が分かれるところだが、とにかく一人でも観光客を多く取り込みたい一心であろう。

第三セクター化を機に複数の駅名を改めたケースは他にもあり、たとえば岐阜県の長良川鉄道も美濃関《みのせき》→関、美濃立花《たちばな》→湯《ゆ》の洞《ほら》温泉口、美濃下川《しもかわ》→大矢《おおや》、郡上福野《ぐじょうふくの》→福野など全部で一三駅にものぼるが、こちらは昭和六一年に国鉄からローカル三セク鉄道になった

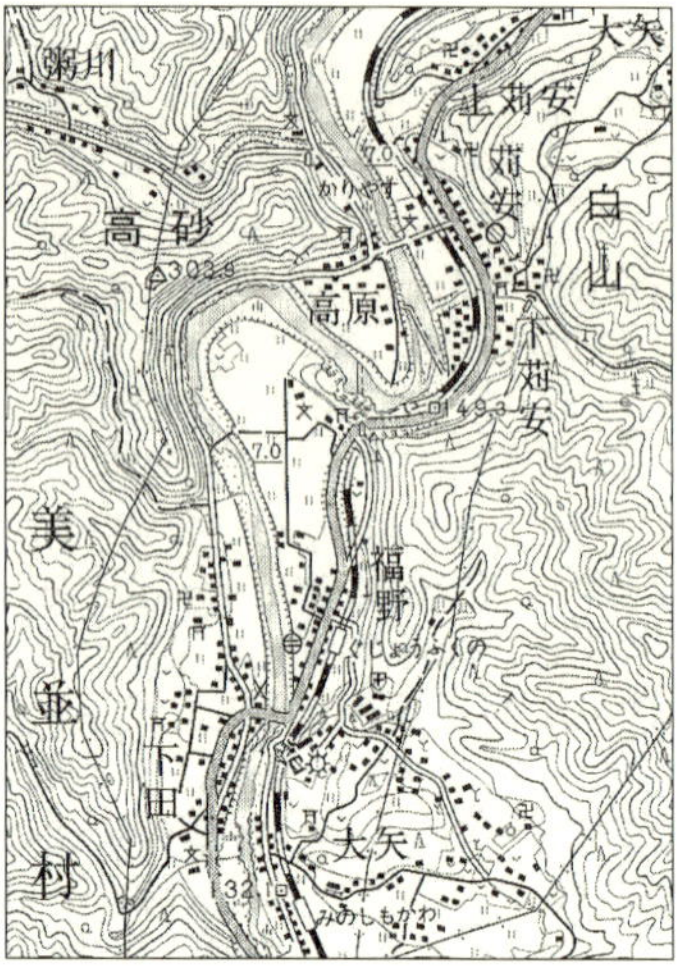

5万分の1地形図「美濃」（昭和52年修正）

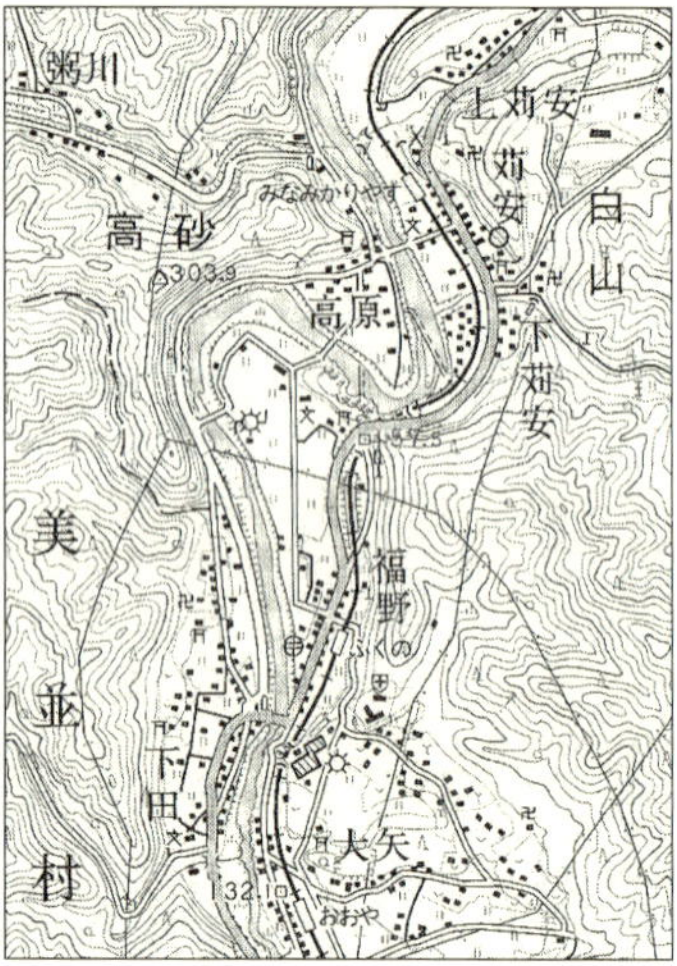

5万分の1地形図「美濃」（昭和63年修正）

ことで遠い同名駅と区別する「美濃」「郡上」などの冠称を外したものが目立ち、美濃下川などのように、ずっと昔の村名を名乗るのをやめたものもある。こちらは実態に即した改称、と言えそうだ。

京都の京福《けいふく》電鉄嵐山本線・北野《きたの》線も平成一九年（二〇〇七）三月一九日に七つの駅名を一斉に改めた。嵐山本線が三条口→西大路三条、太秦《うずまさ》→太秦広隆寺《こうりゅうじ》、車折《くるまざき》→車折神社、嵯峨駅前→嵐電《らんでん》嵯峨の四駅、北野線は竜安寺道《りょうあんじみち》→龍安寺、御室《おむろ》→御室仁和寺《にんなじ》、高雄口《たかおぐち》→宇多野《うたの》の三駅である。

このうち西大路三条は、それまで漠然としてわかりにくかった三条口という駅名を、座標に従った最寄りのバス停や交差点名に合わせて明確にしたものであり、太秦広隆寺はJR山陰本線に平成元年（一九八九）に新設された同名の太秦駅と区別するのと同時に、広隆寺の最寄りであることをアピールしたかったようだ。他の駅名も、さすが土地柄で有名な神社仏閣の最寄りであることを意識したものが目立つ。嵐電嵯峨は、JRの嵯峨駅が平成六年（一九九四）に嵯峨嵐山と改めて以来、実態と異なっていたのを解消した形だし、宇多野も、京都特有の「口」の使い方（特定の場所へ通じる道が、市街を出たところに付けられる）で誤解されやすい高雄口を地元の地名に改めたものだ。

駅名の改称も、時代や時代の空気を反映したそれぞれの事情を背負っている。

第四章　不思議な鉄道、その理由

波打ち際の鉄橋と川のない鉄橋

山陰本線の車窓ハイライトといえば、戦前から余部橋梁《あまるべ》（余部鉄橋。兵庫県香美町）だったようだ。この名物鉄橋も寄る年波と強風対策のため、建設から九八年経った平成二二年（二〇一〇）にコンクリート橋に架け替えられているが、訪れた人を引きつけた赤い鉄骨構造の圧倒的な迫力の余熱は、まだまだ冷めないようだ。

この余部橋梁は長さ三一〇・六メートル、高さは最大で四一メートルに及ぶ大きな橋で、日本では珍しいトレッスル橋の最大の橋として知られていた。トレッスル橋とは複数の高い櫓《やぐら》（トレッスル）の間に橋桁を渡す形式で、幅広く深い谷に架けられることが多かった。珍しい形式だが、深い谷ならアーチ橋や上路トラス橋（トラスの上に線路）、広い谷なら築堤やガーダー橋（桁橋）で済ますところを、地形の条件などのため「線路や道路を高いまま長い距離を保たせる」必要がある箇所にのみ架けられる橋であるので実例が少ない。

山陰本線の下り列車で余部鉄橋に向かう列車は、鎧《よろい》駅を過ぎて四つ目のトンネルを抜けると、列車は突然空中に放り出されたかのような高さで海辺の名鉄橋の上に躍り出る。

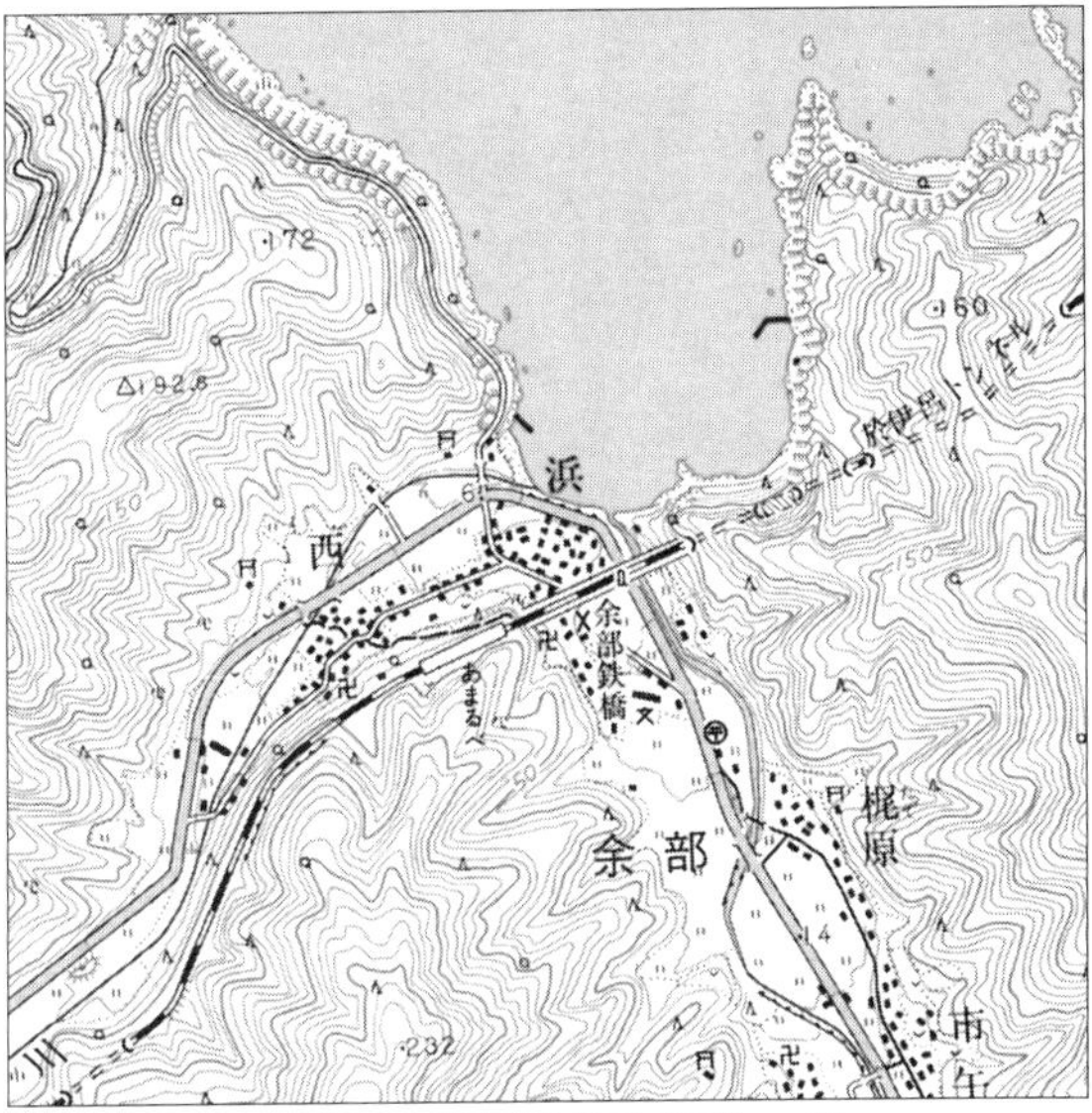

2万5000分の1地形図「余部」（平成13年修正）×1.1

谷と集落をひとまたぎする旧余部橋梁。現在ではコンクリート橋に架け替えられている。写真：今尾恵介

これはコンクリート橋となった今でもその迫力は失われていない。地形図によればトンネル出口から地上まで等高線が四本通っているので、橋の高さが海抜四〇メートル以上あることがわかる。この橋のプロフィールはよく知られているが、二万五千分の一地形図があれば、未知の鉄橋でもおよその高さが読み取れるから、絶好の眺望ポイントを探るなら、乗ろうとするエリアの地形図を事前にチェックすることをお勧めしたい。

ちなみに余部橋梁なき後のトレッスル橋は、南阿蘇鉄道の立野橋梁（熊本県。立野〜長《ちょう》陽《よう》。昭和三年開通）、JR青梅線の奥沢《おくさわ》橋梁（二俣尾《ふたまたお》〜軍畑《いくさばた》。昭和四年開通）、JR仙山線の第二広瀬川橋梁（陸前白沢《りくぜんしらさわ》〜熊ヶ根《くまがね》。昭和六年開通）、私鉄では南海電鉄高野線の中古沢《なかこざわ》橋梁（下古沢〜上古沢。昭和三年開通）などがある。このうち中古沢橋梁はトレッスルに上路トラスを組み合わせた珍しい形式で、平成二三年（二〇一一）度の土木学会選奨土木遺産に指定された。

高さだけなら余部より高い橋はいくつもある。昭和四七年（一九七二）以来長らく日本一の高さを誇った高千穂《たかちほ》橋梁（水面から一〇五メートル）が、高千穂鉄道の廃止に伴って列車が走らなくなったため（橋は現存）、日本一は大井川鐵道のトロッコ列車で知られる井川

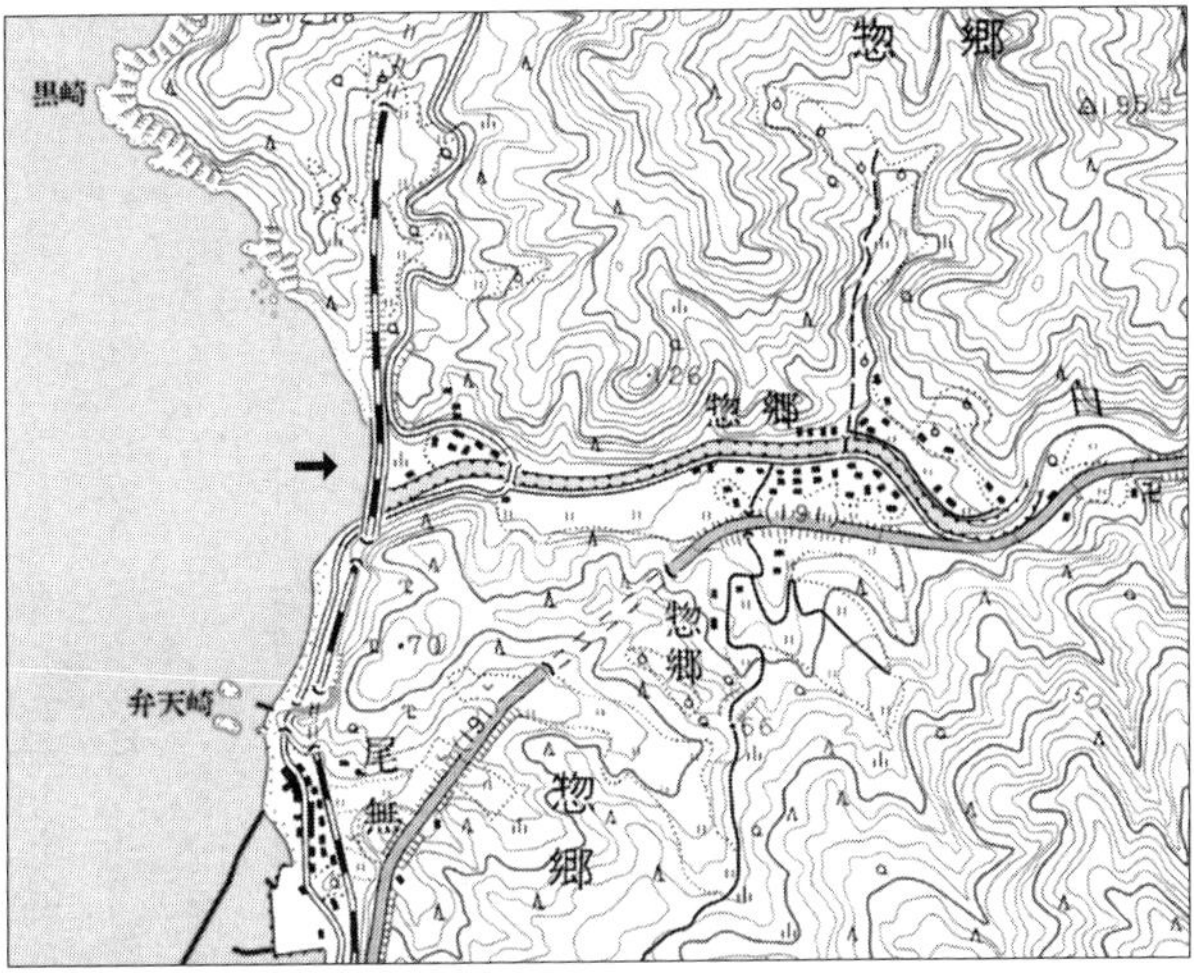

２万5000分の１地形図「須佐」「宇田」（ともに平成13年修正）
「海を渡る」惣郷川橋梁（矢印）。

線の関の沢橋梁となった。こちらは大井川の支流・関ノ沢川の水面からの高さが七〇・八メートルで、鬱蒼とした森の中の峡谷を銀色のアーチ橋が跨いでいる。ただしこちらは川が岩の記号に囲まれているため等高線が描かれておらず、地形図で高さを測るのは無理だ。今や日本最長の鉄道トレッスル橋となった立野橋梁の東側には、かつて日本一の高さを誇った第一白川《しらかわ》橋梁もある。こちらは国有鉄道（旧高森《たかもり》線）として初の鋼製アーチ橋で、水面からの高さは六二メートル。

山陰本線でもう一つ有名なのは「海

ふしょく
日本海から吹きつける潮風による腐蝕《ふしょく》を防ぐため、鉄筋コンクリート四柱ラーメン構造が採用された。場所は島根県益田《ますだ》市と山口県萩《はぎ》市のほぼ中間にあたる須佐《すさ》～宇田郷《うたごう》間。開通は昭和八年（一九三三）で、この一駅間の完成により山陰本線は全通した。海を渡るというのは誇張かもしれないが、波打ち際の真上を通ることは確かで、ここも列車の撮影ポイントとして人気が高い。

山陰本線の隠れた名物鉄橋としては出雲平野のまん中、荘原《しょうばら》～直江《なおえ》間にある「川のない鉄橋」こと新川《しんかわ》橋梁がある。橋だけ見れば鋼製ガーダーがいくつも続く全長一五七メートルの立派な鉄橋なのに、肝心の川が流れていない。しかもその前後には、この高さまで上るための一〇パーミルの勾配をもった築堤まである。

実はこの橋梁の下には昭和一四年（一九三九）まで斐伊《ひい》川の放水路たる「新川」があった。しかし土砂の堆積が想定以上に多く河床が上がり過ぎたため、同年に廃川となり、その後は家や畑などに転じた。その旧河川敷の土地は周囲より二メートル以上高いことから、堆砂の多さがしのばれる。かくして廃川から七〇年以上が経過したが、線路が敷き直されることはなく、列車は今日も築堤を駆け上がり、「純粋鉄橋」を渡って築堤を駆け下りる

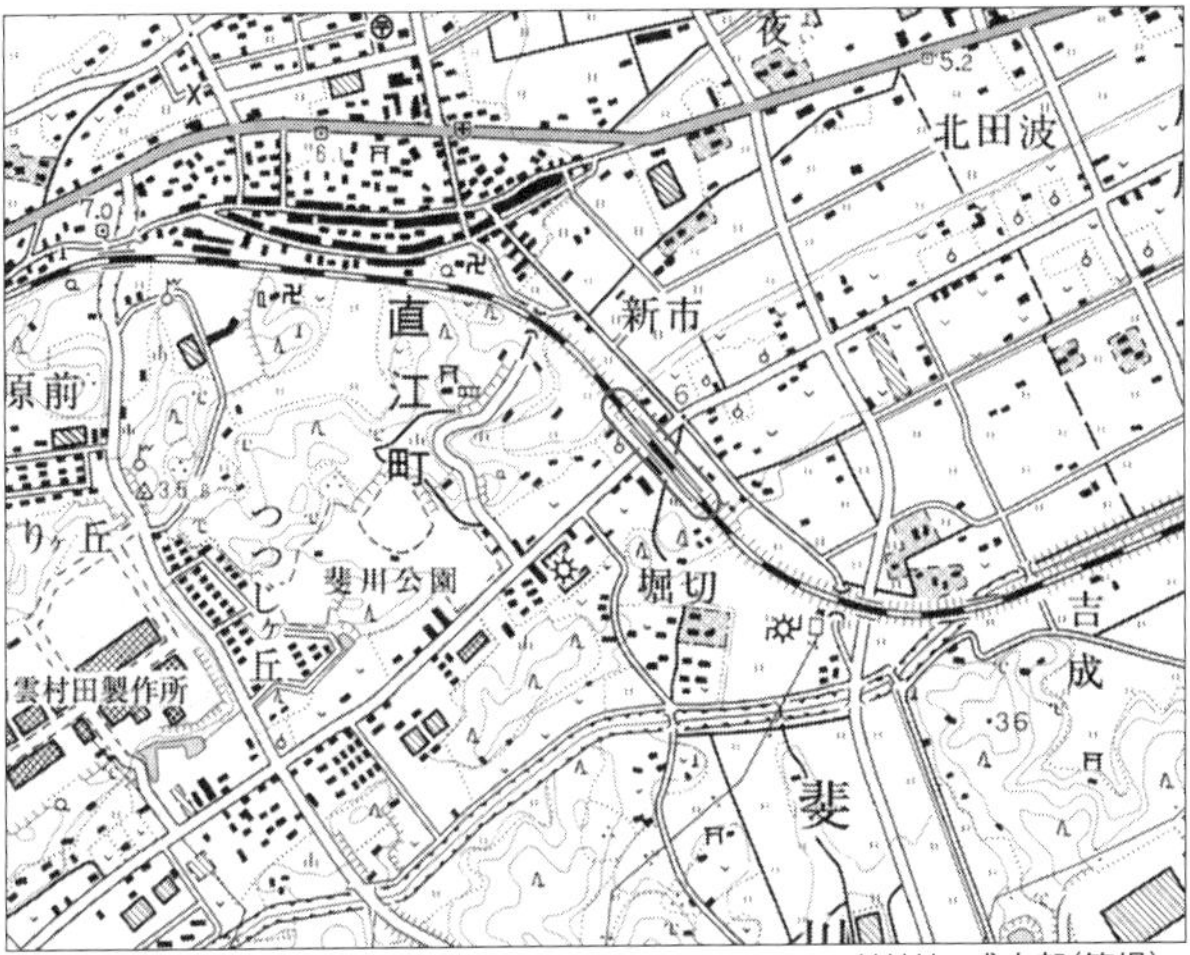

２万5000分の１地形図「出雲今市」（平成13年修正）　川のない新川橋梁（⊂⊃囲み部分）。

盛土部（築堤）
橋および高架部

５万分の１地形図「今市」（大正６年鉄道補入）　新川があった頃。

ことを繰り返している。

駅の間隔が極端に短い理由とは?

時刻表などの路線図を見ると、地方のJR線の中には目立って駅の間隔が短いものがある。特に中部地方で目立つのが飯田線。ゆったりと駅が配置されている中央本線に比べて、線路を実際より蛇行させてやっと全駅を表示しているのが対照的だ。これは最初から「国鉄」として建設された中央本線に対して、飯田線は豊川《とよかわ》鉄道・鳳来寺《ほうらいじ》鉄道・三信鉄道・伊《い》那《な》電気鉄道という四つの私鉄が、戦時中の昭和一八年(一九四三)に国に買収されて誕生した経緯の違いに関係している。

どのくらい駅の間隔が短いかといえば、飯田線の場合、全線一九五・七キロの間に起終点を含めて九四駅(信号場を除く)あるので平均駅間距離は二・一キロ。一方で隣の木曽谷をゆく中央本線の塩尻~名古屋(一七四・八キロ)の駅数は四〇だから平均四・五キロと倍以上だ。東京近郊の小田急小田原線の平均駅間距離が一・八キロであることを考えると、山間部を含む飯田線の二・一キロは驚異的な短さといっていい。「どんなに小さくても集落があれば駅を設けましょう」という、私鉄ならではの姿勢の反映だろう。

かつて日本の幹線鉄道は私鉄が多かった。たとえば東北本線・高崎線・常磐《じょうばん》線・山手線などは日本鉄道であったし、山陽本線は山陽鉄道、関西本線は関西《かんせい》鉄道、予讃線は讃岐鉄道、山陰本線は京都鉄道など。このように全部または一部を私鉄が担っていたのである。しかし日清・日露の二度の戦争を経て戦時輸送における鉄道の威力が明らかになるにつれ、「幹線鉄道は国有が望ましい」との意見が多数を占めるようになった。

鉄道会社などの大きな反対はあったが「鉄道国有法」が施行され、明治三九年（一九〇六）から翌四〇年にかけて幹線鉄道となるべき私鉄はおおむね買収されたのである。ところが飯田線のように昭和一八〜一九年に国有化されたものは「戦時買収」と呼んで区別される。非常時の国家総動員法に基づき、当局が重要路線と認める路線、たとえば鉱石関係の路線（青梅線、南武線、小野田《おのだ》線など）や臨海工業地帯の路線（鶴見《つるみ》線など）が中心だが、以前から国鉄網の一環として当局が欲しかった線を「この際だから」と買収した側面もあったようだ。

松本から糸魚川に至る大糸線は戦時買収ではないが、松本〜信濃大町を結ぶ私鉄の信濃

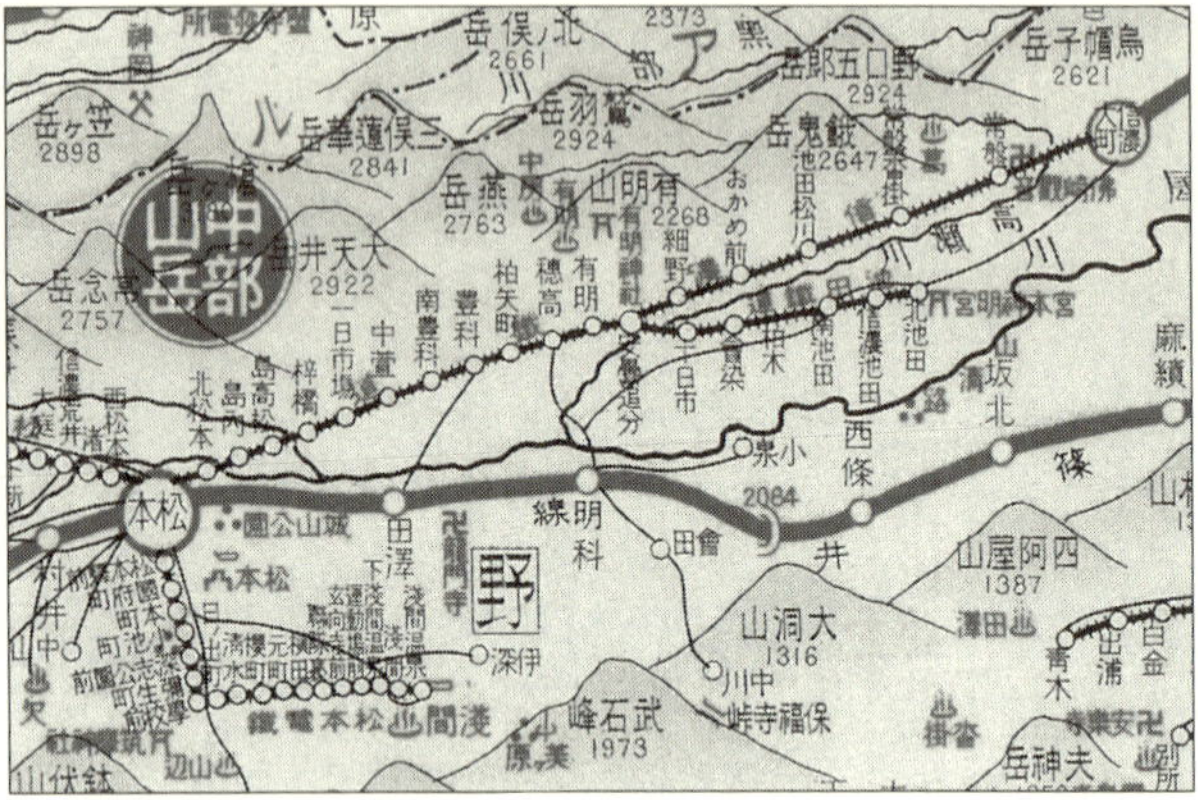

『最新鉄道旅行図』（三省堂／昭和10年発行）に描かれた信濃鉄道（現大糸線）。

鉄道を、「本州横断鉄道」の一部として昭和一二年（一九三七）に国が買収したものである。上の図は、買収を前提に信濃大町以北をまず国鉄が大糸南線として部分開業した時期のもので、信濃大町が他の国鉄線と接続していない「離れ小島」状態であることがわかる。

信濃鉄道も私鉄らしく駅を多く設け、昭和恐慌での乗客減とバスの進出に対抗して新設した「おかめ前」、それに昭和電工の従業員のために新設された「昭和」（図にはない）などが加わって駅間はさらに短くなった。「おかめ」とは鈿女《うずめ》神社の通称おかめ神社のことで、駅は参拝客で賑わったという。しかし買収される段になると、私鉄時代に設けられた駅の中で企業名の付いたものを中心に、地元の地名などに置き換えるものが多かった。大糸線ではこの「おかめ前」が北細野に、昭和は南大町に改称されている。やはり昭和一九年（一九四四）まで私鉄であった南武線（旧南武鉄道）でも、買収時には日本電気前を向河原《むかいがわら》、日本ヒューム管前を津田山《つだやま》と改称している。

ついでながら、東北地方で唯一戦時買収されたのが宮城電気鉄道で、昭和一九年に仙台〜石巻《いしのまき》を結ぶ仙石線《せんせき》となった（現在の起点はあおば通）。この路線も時刻表の索引地図では蛇行させて全駅を表示しており、平均駅間距離は一・七キロと短い。駅の間隔にも歴史が隠れているのである。

東日本大震災では津波で列車が流されるなど大きな被害を被り、二年半が経過した平成二五年（二〇一三）九月現在でも津波の直撃を受けた区間を含む高城町《たかぎまち》〜陸前小野《おの》が不通になっている。なお、この区間は一部を内陸側に移設させることが決まり、平成二七年（二〇一五）度までに全通予定という。

川の下を走り抜けていく鉄道とは？

石鎚《いしづち》山脈を左に見ながら愛媛県・道前《どうぜん》平野を快走する松山行き特急「しおかぜ」は、伊《い》予西条《よさいじょう》の少し先、一万石の小藩だった伊予小松《こまつ》を過ぎると大きく右にカーブする。中山川の鉄橋を渡るためであるが、ここから列車は西から北北西に進路を転じ、高縄《たかなわ》半島の海岸線に沿ったルートをたどる。壬生《にゅう》川を過ぎると間もなく前方に土手が迫り、その下を大《だい》明神川《みょうじんがわ》トンネル（六五・五メートル）でくぐる。

その名の通り川の下をくぐる珍しいトンネルであるが、地図を見れば本当に水が流れているのがわかる。水は低きへ流れるのが当然だが、周囲より高い所を流れるものを天井川という。上流部の地質や植生の関係で土砂の供給量が多い川によく見られる。そのような川が限りなく土砂を堆積するうち河床が上がってしまい、洪水の危険が高まる。それを防ぐために人間がせっせと堤防のかさ上げを続けた結果、道路や線路より高い所を流れるようになった。「天井川」は人と自然の合作である。

予讃線には天井川のトンネルはこの一か所だけであるが、全国を見渡せばこのような例

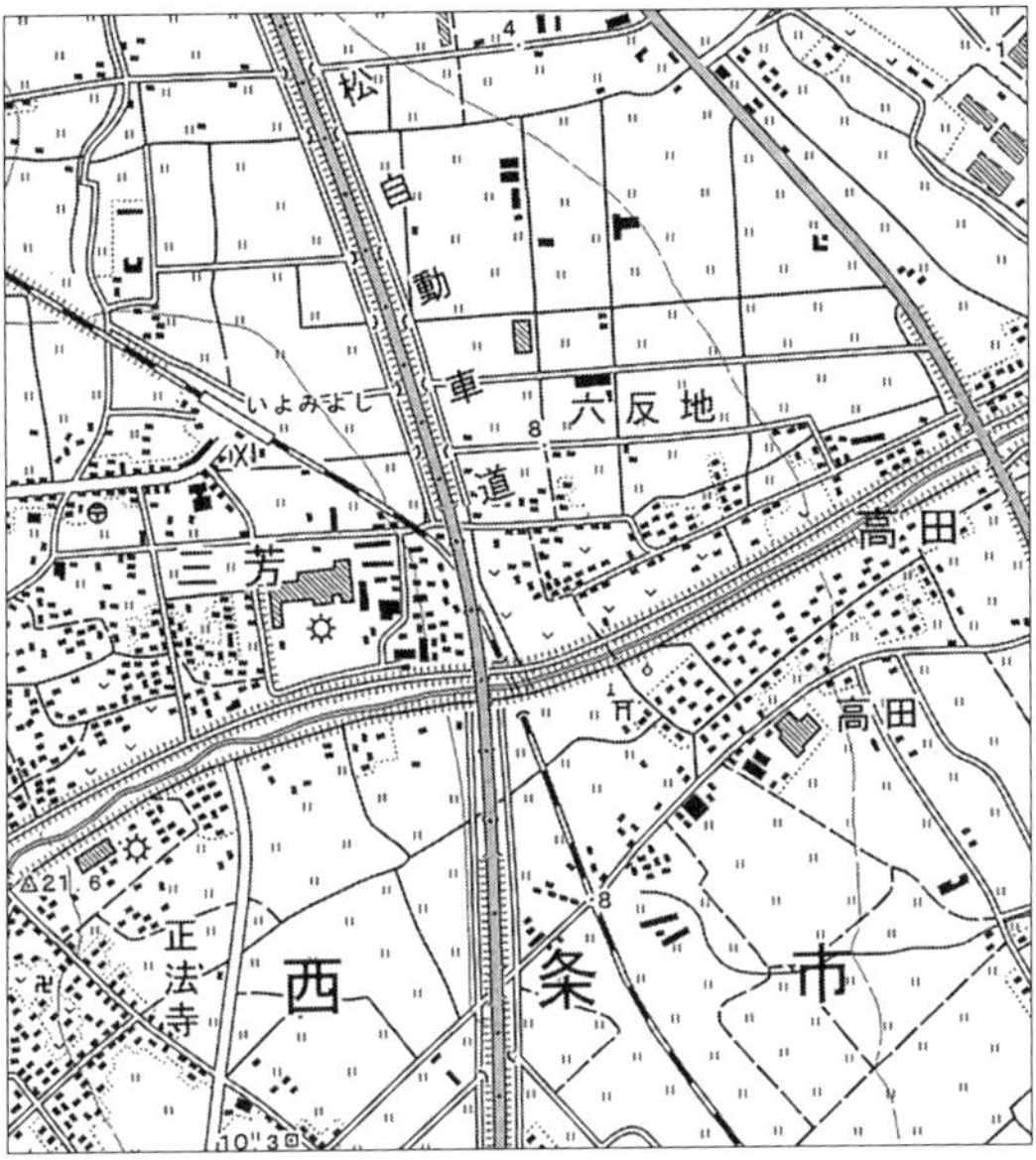

2万5000分の1地形図「壬生川」(平成17年更新)

は意外に多い。有名なものでは東海道本線の草津川《くさつがわ》トンネル（滋賀県草津市）がある。草津川は江戸時代からすでに天井川で、安藤広重の「木曽街道六十九次」でも草津宿の絵は周囲より明らかに高い天井川が題材になっているほどだ。

琵琶湖の東側に東海道本線が開通したのは明治二二年（一八八九）で、トンネルはその当時からのものである。昭和三一年（一九五六）の電化の際には架線を張るためトンネルを高くしたが、そのため河床を上げざるをえず、流量を確保すべく川幅を広げる大規模な工事が行われた。ただこの天井川、いつまでも「高さ比べ」をしていては危険が増すばかりなので、草津川の場合は平成になって南側に新たに放水路が建設された。トンネル上の城壁のような堤防に囲まれた流れも今は「廃川跡」である。市民にとってはこれまで危険な厄介者であったに違いないが、それでもすでに歴史的な存在であり、廃川敷の跡地は保存される予定という。

天井川のトンネルが連続する路線としては、ＪＲ奈良線の長池《ながいけ》（京都府城陽市）〜棚倉《たなくら》（木津川市《きづがわ》）で、ここでは天井川を六本もくぐる（トンネルではないものもある）。また岐阜県の養老鉄道（旧近鉄養老線）も、養老山地から急斜面で駆け下る三本の天井川の下をトン

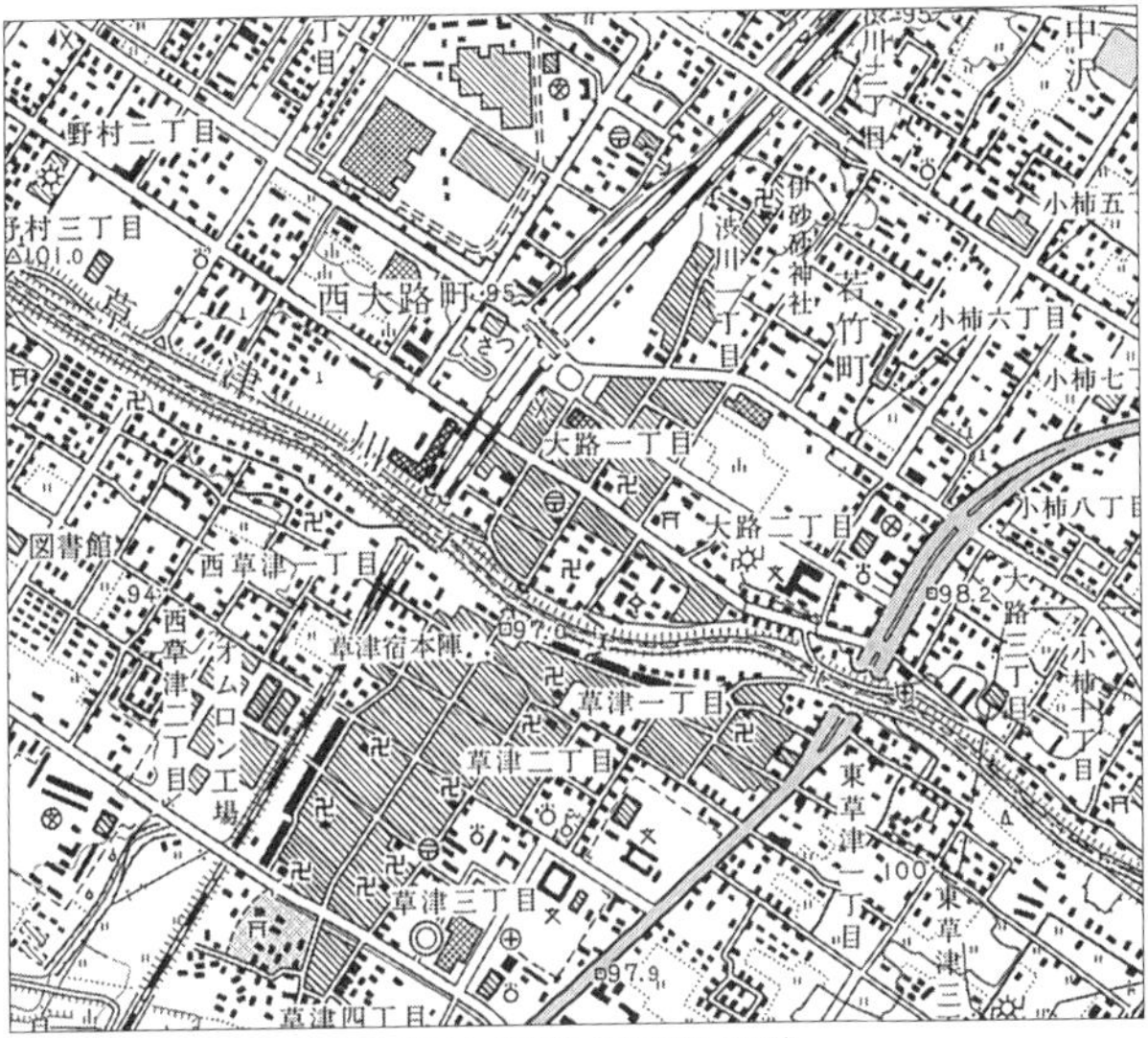

2万5000分の1地形図「草津」(平成10年部分修正)

天井川の旧草津川をくぐる東海道本線。地図でわかるように国道1号や旧東海道もトンネルで川底を抜けている。写真：今尾恵介

ネルで抜けている。

ちなみに、日本で最初に掘られた鉄道トンネルも、山ではなくて天井川をくぐるものであった。東海道本線の石屋川《いしやがわ》トンネル（住吉《すみよし》〜六甲道《ろっこうみち》間）がそれで、同時期に建設された芦屋《あしや》川・住吉川の三本のうち最初となる明治四年（一八七一）に掘削された（大阪〜神戸間の開通は明治七年）。

『日本鉄道請負業史 明治篇』（鉄道建設業協会）によれば、工事にあたってはまず天井川の河床を掘り下げ、伏流水を木造の仮水路で逃がす。その間にトンネルを煉瓦《れんが》で畳築してから埋め戻すという手順だ。当時は大量の煉瓦を供給する態勢が整っていなかったため、瓦や陶器の職人が招集され、堺の瓦製造人が職工長となってお傭《やと》い外国人から煉瓦製法を教授してもらったという。そんな記念的トンネルだったが、大正八年（一九一九）の複々線化工事で水路橋に改められた際に切り崩され、残念ながら今は「トンネル」としては存在しない。

上下線で景色が異なる鉄道

複線の線路はふつう上下線のレールが並んで敷かれているが、中央本線の塩尻から西側（中央西線）では、所によって上下線が別ルートになっている。このような区間は全国各地に散見されるが、複線化する際に隣に線路を敷く余地がなかった場合が多い。日本の鉄道では海沿いや狭い谷を通る区間が珍しくないため、断崖絶壁を通り抜ける区間では単線の新トンネルを掘るなどして、別ルートで険しい地形をやり過ごすのだ。

塩尻から中央西線に乗る場合、まず上下が分かれるのは鳥居峠《とりい》を越えた藪原《やぶはら》駅の先である（以下、実質に合わせて名古屋→塩尻を「下り」とする）。上り線は古い鷲鳥《わしどり》トンネルをくぐるが、下り線のレールは少し手前で新鷲鳥トンネルに消えていく。鷲鳥トンネル入口には51という番号が記されているが、これは名古屋方面から上下合わせて五一番目のトンネルを意味し、新鷲鳥トンネルは五二番。番号は上下にかかわらず名古屋から近い順に振られているので、上下どちらに乗っても欠番がある。

その先で別々に走る距離が長い区間といえば十二兼《じゅうにかね》～南木曽《なぎそ》間だろう。木曽川沿いの線路の東側に山が迫っているため、昭和四四年（一九六九）に完成した上り線はほとんどが闇の中で、この区間のトンネルの総延長を比較すると、旧線である下りが二三〇メートル

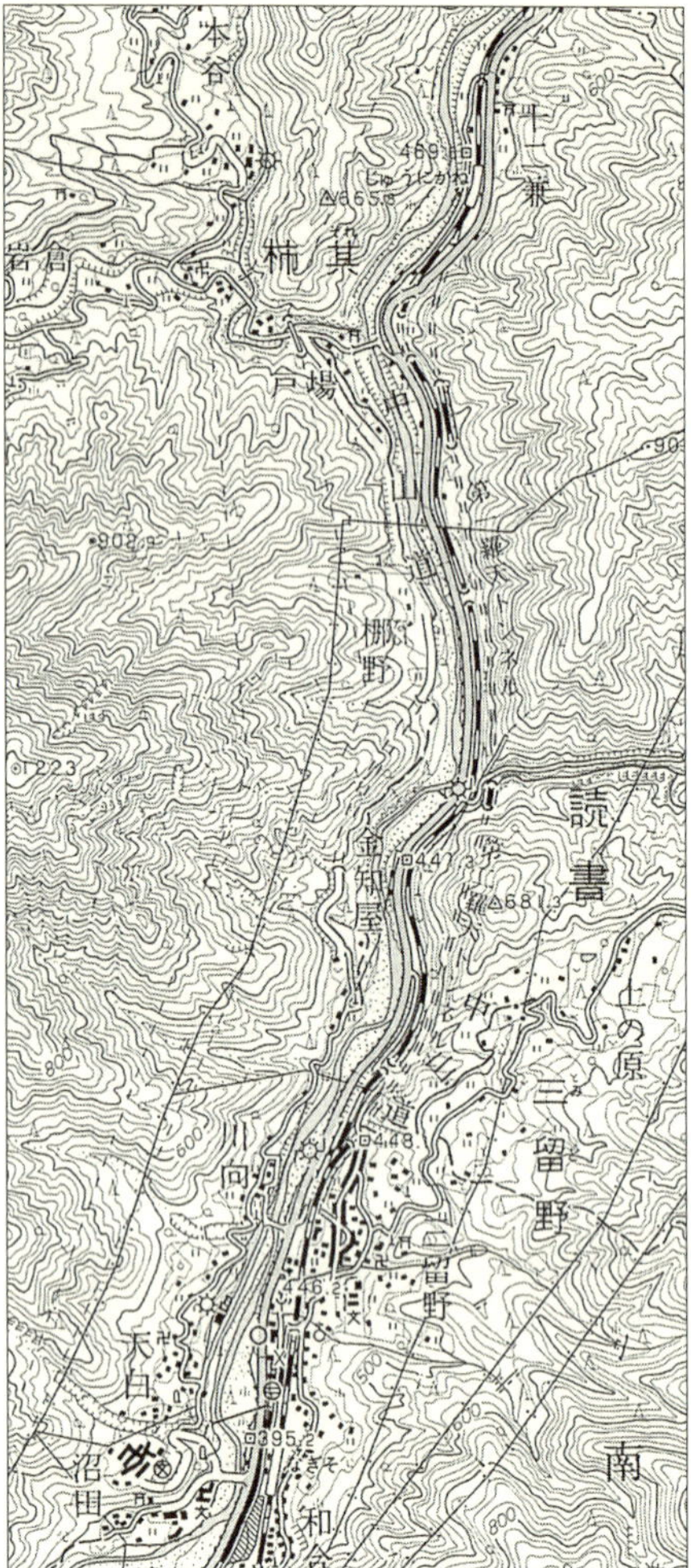

5万分の1地形図「妻籠」（平成19年要部修正）
上り線にトンネルが集中している。

であるのに対して上りは三・五キロにも及ぶ。この区間の車窓を楽しみたければ下り列車に乗るしかないが、川がどちら側に来るかは所によって異なるため、逆に坂下《さかした》～落合川《おちあいがわ》間では下り線が「地下鉄」になる。

恵那《えな》～武並《たけなみ》間には下り線に新槇ヶ根《しんまきがね》トンネル（二七六六メートル）という中央西線で二番目に長いトンネルがあるが、旧槇ヶ根トンネル（七三〇メートル）を経由する上り線は二五パーミルの急勾配がトンネルの前後に合計四・五キロも続く、意外にも中央西線では最大の難所だ。木曽谷のまん中のように周囲が深い山の中というわけでもなく、地図を見てもあまり険しそうに見えないのだが、このトンネルが実は木曽川と庄内川の両水系の分水界にあたっている。昭和四四年の新トンネルの開通で、下り線は大幅に勾配が緩和された。

急勾配の路線では、複線化にあたって新線の勾配を緩和させることがよくある。たとえば東北本線の金谷川《かなやがわ》～南福島間。金谷川駅といえば昭和五四年（一九七九）以来、駅のすぐ北側に福島大学のキャンパスが置かれていて、駅は学生で賑わっている。

この区間は郡山方面からの下り列車が福島盆地へ下っていく二五パーミルの急勾配区間で、上り列車にとっては難所であった。そのため昭和三六年（一九六一）の複線化にあたって別線を敷設、既存の線路より三二〇メートルほど東に遠回りさせることにより勾配を一九パーミルに抑えたのである。上り列車は南福島駅の標高七三・九メートルから次の金谷川駅の標高一五九・二メートルまで一気に上っていくが、しばらく平地を走って突然二五パーミルの急坂に取り付く明治以来の線路に対して、新線はすぐに一九パーミルで上り始める。その勾配を維持しつつ東側の小高い地形を利用し、山肌にへばり付きながら、しかも均等に上っていく。旧線は上り過ぎて分水界のトンネルをくぐり、少し下がるのだが、新線はこの「無駄」も省き、金谷川駅の直前までひたすら一九パーミルを維持する線形を採用した。

その結果、緩和されたのは「たった六パーミル」ではあるが、これにより補助機関車の連結が不要になった。単純に考えても蒸気機関車なら一両で二人の削減が可能になるわけで、連結・解放のための停車時間も節約できる。地道ではあるが、そんな工事の積み重ねが人件費削減とスピードアップを両立させるのだ。

上下線が離れる場所としてかつて一般的だったのが操車場である。上下どちらの貨物列車もスムーズに入場できるようにするため、上下線の間に挟み込むのがふつうであった。

しかし八〇年代以降に鉄道貨物輸送がコンテナやタンク車による「拠点間直行方式」に転じたため、多くの操車場が廃止された。それに伴って跡地開発が各地で進むと上下線に挟まれた土地は不便なため、最近では上下線をまとめる工事が各地で進められてきた。たとえば武蔵野《むさしの》線の新三郷《しんみさと》駅は上下線のホームが操車場の幅である二五〇メートルほど離れていたが、間もなく下りホーム（新松戸方面行）の方に統合された。関西本線の久宝寺《きゅうほうじ》駅も上下ホームの間に竜華《りゅうげ》操車場が挟まれていたが、その後の操車場廃止を受けて下りホームが一五〇メートルほど北の上りホームに統合されている。

ここで余談だが、新三郷駅の所在地が、国籍不明な商標がらみの「三郷市新三郷ららシティ二丁目」（「ららぽーと」が中心の開発）と名付けられたのに対して、久宝寺の方はかつての操車場の名前であり、また古代の寺院の名を借りたかつての自治体名を復活させた「八尾市竜華二丁目」となった。同じ再開発ではあっても、地名の扱いにはだいぶ違いができたものである。

他に上下別線が目立つところとしては、日本海縦貫線の一部を成す羽越本線の特に村上〜鶴岡間や室蘭本線のトンネルが連続する静狩《しずかり》（長万部《おしゃまんべ》の西隣）〜洞爺《とうや》間などがあるが、上りのみがループ線である上越線の湯檜曽～越後中里《えちごなかざと》間（ループは二つ）や、北陸本線の新疋田～敦賀間（こちらも上りのみループ線）などの例は第二章のループ線の項で、また必ずしも「上下線」で割り切れないスケールの大きな函館本線の七飯～大沼間、大沼～森間の別線は、第三章の戦時の勾配緩和の項で取り上げた。

営業キロわずか〇・二キロの駅間がある

次頁の図は長崎県佐世保市の中心部。まん中を南北に貫く線路が松浦《まつうら》鉄道だ。それにしても佐世保中央～中佐世保間の駅間距離の短さは際立っている。この二駅間は営業キロで〇・二キロと、路面電車を除く日本の鉄道の中では最も短い。佐世保中央は平成二年（一九九〇）に誕生した新駅で、にぎやかなアーケード商店街に面しており、イオン佐世保ショッピングセンターはすぐ隣。隣の中佐世保駅が間近なのにもかかわらず、あえて設置された理由は六車線の国道三五号の存在だ。幅の広い道路は長い信号待ちなどで心理的バリアを生じさせるので、「距離感」は実際よりずっと長かったのだろう。中佐世保駅の一日平均乗降客数が一八六人（平成一八年）なのに対して、新しい佐世保中央駅が七八三人と

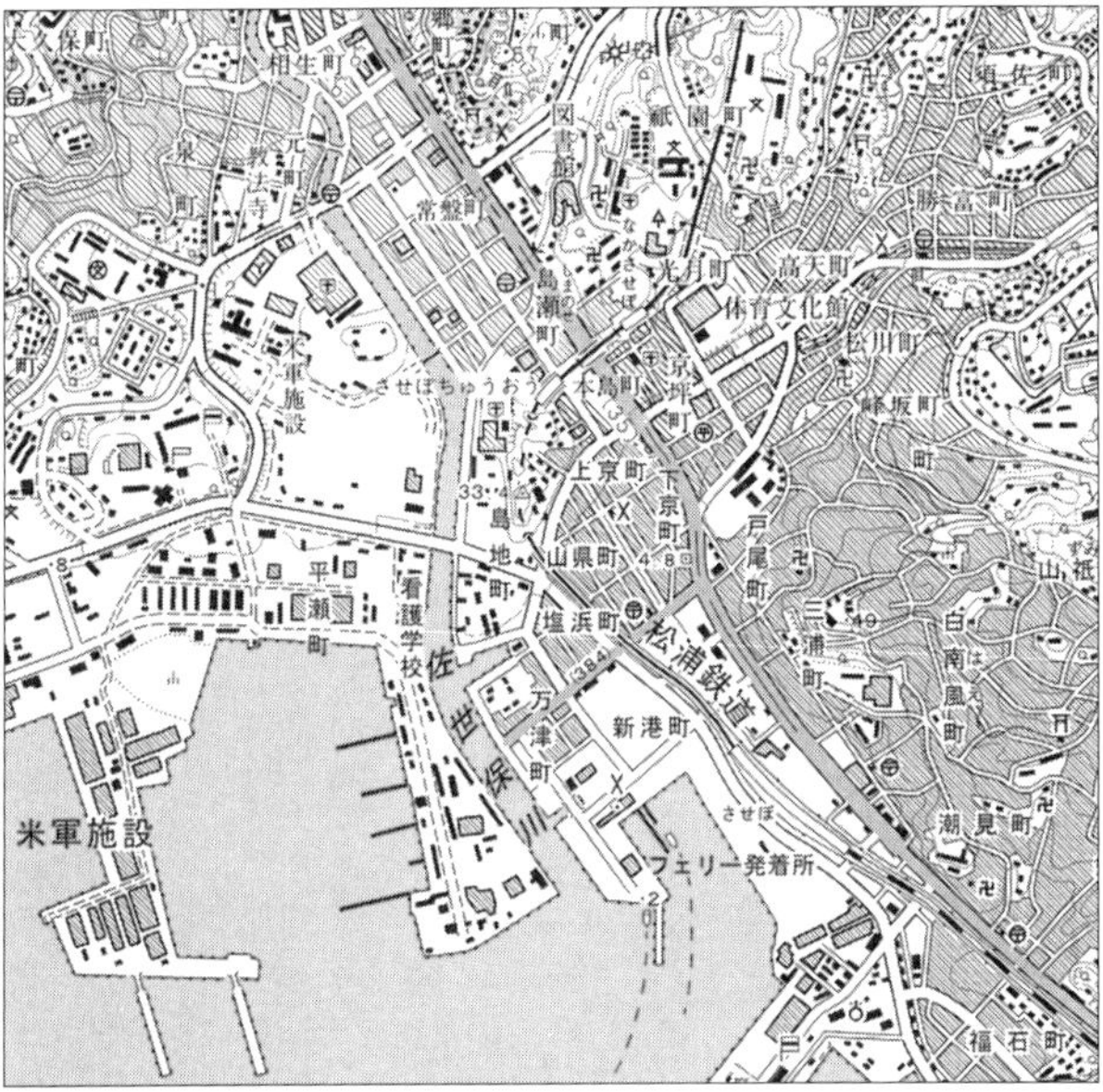

２万5000分の１地形図「佐世保北部」（平成10年部分修正）、
「佐世保南部」（平成17年更新）
国道をはさんで駅間の短い２駅が並ぶ。

はるかに多いことからも、その新設効果はうかがえる。

松浦鉄道の前身である松浦線は、国鉄改革で廃止を宣告された路線である（最後はJR九州）。佐賀県の有田《ありた》駅から北松浦半島を一周するように津々浦々をたどり佐世保駅に至る九三・九キロ（当時）だが、佐世保線で両駅を結べばわずか二〇・六キロの区間だから、都市間輸送の線路というより、典型的な戦前型の「地域振興線」であり、中には炭鉱から港を結ぶ専用線由来の私鉄もこの中に組み込まれるなど、クルマ社会での存続はそもそも難しい状況にあった。

しかしこの厄介な線を引き取った第三セクターの松浦鉄道は積極経営を断行する。まずは沿線住民の利便性を考えてたくさんの駅を新設した。松浦線時代は途中駅が三〇か所（平均三キロ間隔）だったが、現在は五五か所とほぼ倍増に近い。にもかかわらず所要時間はそれほど変わっていないのは車両の性能向上のためだろう。

列車本数も昭和六三年（一九八八）三月には佐世保付近で一日わずか八〜九往復だったのが、今では四三〜四四往復と圧倒的に増えた。昼間でも佐世保付近は一時間に二往復の列車が走っているが、かつて朝の列車が出た後に三〜四時間も列車が来なかった松浦線時代を考えると、まさに隔世の感がある。民営化してから利用者は急増、乗客のうち新駅の利用者は三三％（平成一六年）を占めるという。

設置された新駅を地図で観察すると、まとまった集落があるのに従来は駅のなかった場所や学校近くなど、乗客の利便性向上に配慮されていることがわかる。大学駅はすぐ近くに長崎県立大学があり、松浦発電所前は巨大な発電所の目の前だ。また多くの島に面した北松浦半島を走るだけあって福島口、鷹島口《たかしまぐち》のように、それぞれの島へ渡る船便が発着する桟橋の近くに駅が設けられ、島民も便利になった。福島口から隣駅の浦ノ崎の間も〇・五キロしかない。国鉄末期の昭和六一年（一九八六）には年間三三億円もの赤字を出した路線が、平成五～一二年には毎年黒字を出していたというから、「やればできる」お手本のような鉄道ではないだろうか（その後赤字に転じているのは残念だ）。

一見意味不明な「立ち寄り型」スイッチバック

スイッチバックといえば、箱根登山鉄道の大平台駅や出山信号場（神奈川県）などのように、勾配を克服するためにジグザグで進んだり、篠ノ井線の姨捨駅（長野県）に見られるように、本線から外れた所に水平な土地を得て停車場を設けるタイプが代表的だ。いずれも「勾配対応型」であるが、さして勾配もない平地のまん中なのに向きを変える駅がある。

次頁の図は富山地方鉄道の上市駅《かみいち》付近。この町は曹洞宗《そうとうしゅう》の古刹・立山寺《りゅうせんじ》や大岩山への参道が通じ、また山と平地の境のいわゆる谷口集落として古くから発展した町である。以前は現在の上市駅が上市口と称しており、さらに東へ〇・五キロ進んだ中心部近くに旧上市駅があった。昭和一四年（一九三九）の時刻表を見ると、富山方面から宇奈月方面へ向かう富山電気鉄道（現富山地方鉄道）の電車はまず上市口から上市（旧）へ入り、次に上市口まで後戻りしてから滑川《なめりかわ》方面を目指した。上市へ立ち寄るため合計三分ほどロスするのだが、それだけ時間をかける価値のある町だった、ということだろう。しかし戦時中の昭和一八年（一九四三）に「不要不急路線」とされたためか上市口〜上市間が廃止となり、現在の形になっている。行き止まり駅なので当然すべての電車がここに停車し、折り返していく。

島根県の一畑《いちばた》電車の一畑口駅もやはり同様の「立ち寄り型」のスイッチバック駅である

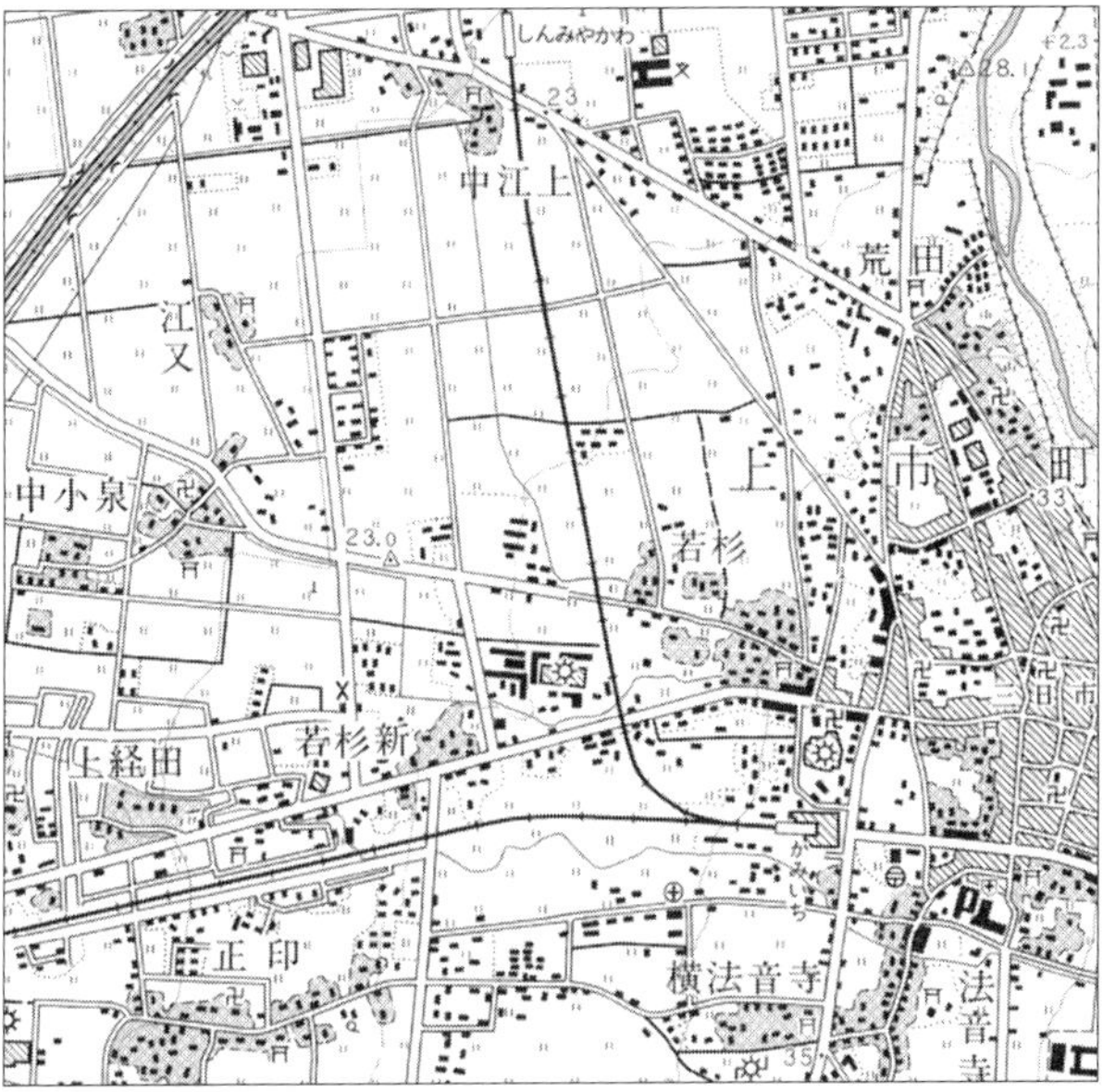

２万5000分の１地形図「上市」（平成11年部分修正）

2万5000分の1地形図「秋鹿」（平成19年更新）

（上図）。ただし上市のような町があるわけでもなく、現状の地図を見る限りここで方向転換する理由は見あたらないが、建設の経緯を調べれば納得できる。「一畑電車」の名に明らかなように、敷設の主目的は「目の薬師」として眼病に効くと評判の一畑薬師へ、参詣客を輸送することであった（当初は一畑軽便《けいべん》鉄道）。薬師へは今はここからバスで北上するが、かつては一畑口（当時は小境灘《こざかいなだ》）から三・三キロ北の一畑駅まで線路があった。これもやはり戦時中の昭和一九年（一九四四）にその区間が廃止されたため、一見すると意味不明なスイッチバックを毎日繰り返しているのだ。

西武池袋線の飯能《はんのう》駅も立ち寄り型である。こちらは大正四年（一九一五）に池袋〜飯能間が開通したが、昭和四年（一九二九）に石灰鉱山のある吾野《あがの》まで延長した際にスイッチバックとなった。そのまま直進させると市街地を抜けなければならないため、ここで方向転換するのが合理的と判断したのだろう。その後はスイッチバックする必要がないよう、飯能駅の手前から東飯能へ、飯能駅を経由せずに直結する短絡線の建設が計画された。すでに用地も確保されて細長い空地が続いているものの、短絡の最大のメリットを享受すべきだった石灰貨物列車が廃止され、また特急列車に飯能を通過させる意味も乏しいことから、建設は凍結されている。

秋田県の花輪線十和田南駅（鹿角市《かづの》）も「立ち寄り型」だ。かつて毛馬内《けまない》と称したこの駅は、南部藩の代官所が置かれた「城下町」で、駅はその南約一・五キロほどの場所に置かれた。大正九年（一九二〇）に開通した当初は、大館とここを結ぶ秋田鉄道の終点だったが、その後陸中花輪《りくちゅうはなわ》（鹿角市）方面へ延伸するにあたって、北を向いたこの駅から見て南に位置する花輪へ延伸するためには、ぐるりとΩ型のカーブを描いたり、南側に駅を移設するよりはスイッチバックもやむなしと判断したと思われる。

富士急行線の富士山駅（旧富士吉田駅）も同様で、昭和四年にできた富士吉田駅が真東を向いていたため、戦後に西の河口湖方面へ延伸する際、スイッチバックしか選択肢がなかったのだろう。他には東武鉄道野田線の柏《かしわ》駅（千葉県柏市）、小田急電鉄江ノ島線の藤沢駅（神奈川県藤沢市）、名古屋鉄道広見線の新可児《しんかに》駅（岐阜県可児市）、養老鉄道大垣駅（岐阜県大垣市）なども同じ類型に含まれるのだが、地図で見るとこれらはＪＲに接続しているので「地図的」にはスイッチバックらしくない。新幹線列車が走る線としては唯一の秋田新幹線大曲《おおまがり》駅なども「系統」から見れば立派なスイッチバック駅なのだが、正式な「戸籍」である奥羽本線の駅としてみるとそうではないので、これをスイッチバック駅に入れるかどうかは議論の分かれるところだろう。もっとも、真剣に議論するような話ではないけれど。

「1.44」「1.37」という珍しい地図表記

地形図には欄外に「記号」として凡例が表示してある。原則として地形図に用いられるすべての記号がここで紹介されているのだが、ここを見ただけではわからないものも例外

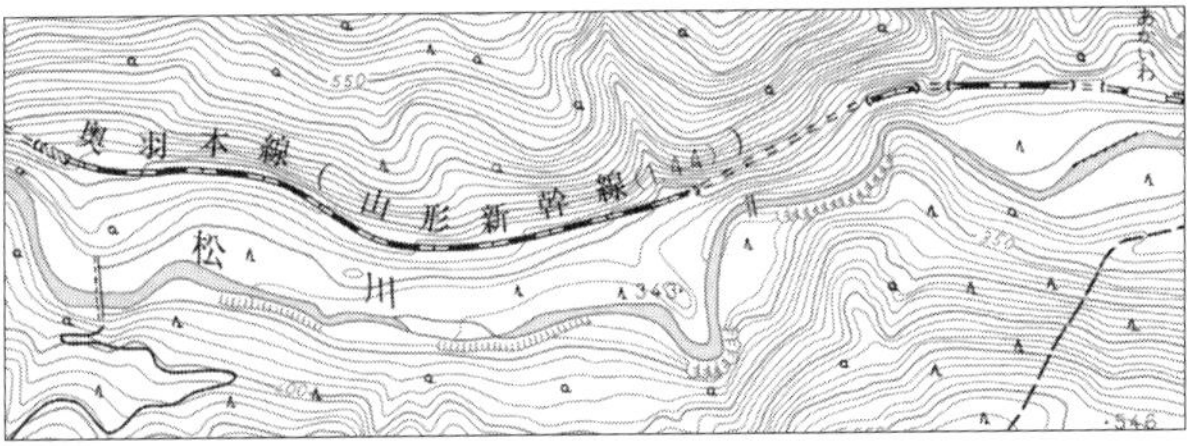

２万5000分の１地形図「板谷」（平成８年修正）×0.8

的に存在する。上の地形図に掲載された線名の後に記された「(1.44)」がそれだ。「奥羽本線（山形新幹線（1.44））」の数字をしばし睨《にら》んで、ああそうかと気付くのは、相当な「テツ」かもしれない。

答えは線路のレールの幅（軌間）である。これは二本のレール頭部の内側どうしの間隔で、たとえばＪＲの在来線は一〇六七ミリ（三フィート六インチ）であり、私鉄の一部や新幹線では国際的な標準軌である一四三五ミリ（四フィート八インチ半）が用いられている。この「1.44」はメートル表示の小数点第三位を四捨五入したものだ。ここ奥羽本線では福島〜新庄間に山形新幹線「つばさ」が乗り入れており、在来線ながら線路の幅を広げて新幹線が通れるように改造したもので、改軌は山形新幹線が運転開始した平成四年（一九九二）に行われ、図に見える赤岩駅も長らく名物だったスイッチバックを解消した。

この表示はしかし、JR在来線と私鉄の多くが採用している一〇六七ミリの路線では省略されているため、お目にかかる機会はそれほど多くない。珍しいものとしては東京の馬車鉄道に始まったとされる一三七二ミリ（四フィート六インチ）で、これは実は世界的にも珍しい軌間で、日本では函館市電、東京都電、京王電鉄（井の頭線を除く）、都営地下鉄新宿線、東急世田谷線にしかない。軌間表示されない路面電車を除けば「1.37」の表示は京王線と、それに直通する都営新宿線だけに健在……と言いたいところだが、「平成一四年図式」で表示が廃止されたため、新しい二万五千分の一地形図に切り替えられた図からはこの軌間表示がなくなった。今のうちに「1.37」を買っておくことをおすすめする意味合いから（?）、「東京西部」を挙げておこう（次頁上図。残念ながら平成二五年六月に新版が刊行されたため、この表記は見られなくなった）。都営地下鉄新宿線の「1.37」と小断面トンネルのリニア地下鉄として建設されたが軌間は広い大江戸線「1.44」が近接している。ついでながら「0.76」と表示されている鉄道も、今や黒部峡谷鉄道と近鉄八王子線・内部《うつべ》線、三岐《さんぎ》鉄道北勢線だけになったが、このうち近鉄の二線のエリアは新図式になったので消滅、いよいよ希少になった。しかも、最近になって近鉄が八王子線・内部線を廃止する意向を

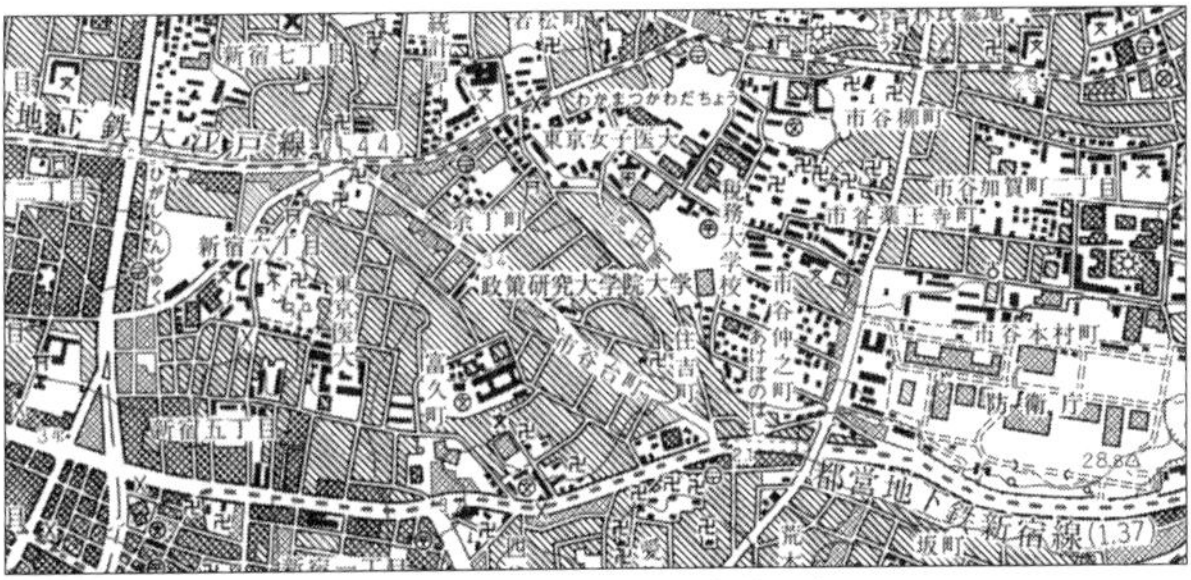

２万5000分の１地形図「東京西部」（平成13年修正）×0.8

５万分の１地形図「YOKOSUKA」（極東米軍地図局発行／1958年印刷）×2.0

軌間が表示された米軍製地形図。図は久里浜付近。

示している。数少ない軽便鉄道の生き残りもいよいよ風前の灯火だろうか。

最後にちょっと珍しい昔の地図。前頁下の図は、極東米軍地図局（ＡＭＳ）が作成した五万分の一「YOKOSUKA」だが、これには京浜急行の軌間が線路脇に四フィート八インチ半（一四三五ミリ）とフィート表示で記されていた。これに限らず欧米では軌間を地形図上に記号の違いで反映させることが多いが、実は日本の場合は「ＪＲとそれ以外」などと、経営主体で記号が別になっている。このような国は非常に珍しい。

雪国の地下深くにあるトンネル駅

平成九年（一九九七）頃まで、時刻表の上越線ページの欄外に「ご注意…土合《どあい》駅の改札は下り列車に限り、発車一〇分前に打ち切りとなります」という文言が必ず印刷されていた。

その後は無人駅となったため改札が行われなくなって、この文言は誌面から姿を消したが、土合駅の構造を知らない人には、この説明の意味がなかなか理解できなかっただろう。要するに下りホームだけが地下深くにあるのだ。

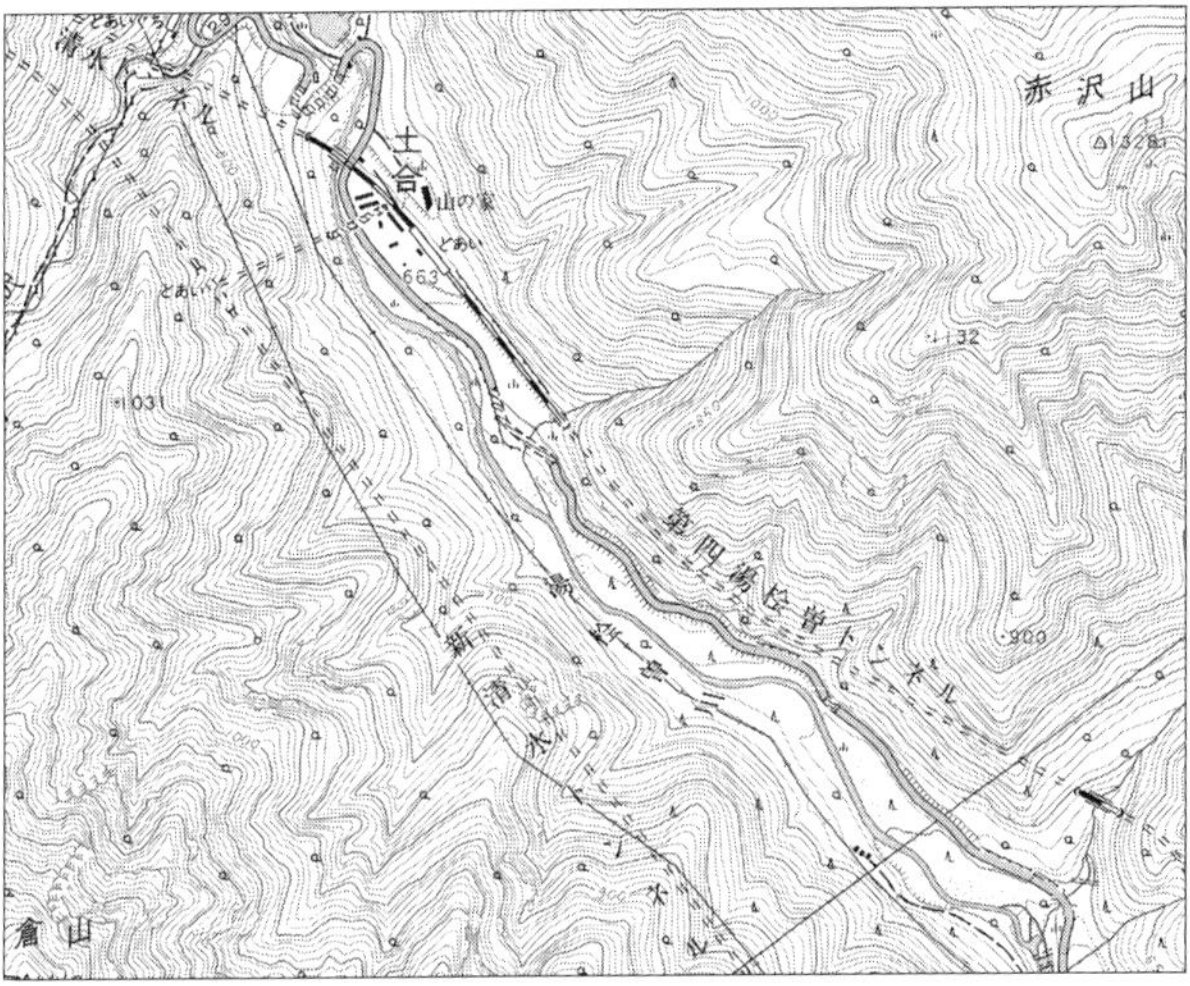

2万5000分の1地形図「水上」（平成13年修正）×0.7

下りホームから地上にある駅舎へは高度差八二メートル（二七階建ての高層ビルの高さに匹敵！）、合計四八六段の階段が待ち受けていた。かつては谷川岳を目指す登山者たちがよく利用し、山登りの前に地上へたどり着くまでひと汗かいたというが、今は水上《みなかみ》や上《じょう》毛《もう》高原からバスを利用する人が多く、利用者はごくわずかだ。

上下線の高度がこれほど離れている理由は、昭和四二年（一九六七）の複線化の方法にあった。上り線のホームは昭和六年（一九三一）に上越線が開通した当時のもので地上にあるが、湯檜曽駅からループ線でぐるりと高度を稼いでいるため、土合駅は六六五・五メートルというかなりの高所にある。これに対して新しい下り線はループせず、ずっと手前で新清水トンネルに入ってしまうため、ホームが海抜五八三・四メートルという「大深度」になってしまった。ちなみに隣の湯檜曽駅も下りは地下ホームだが、こちらは新清水トンネルに入ったばかりなので上りとの高度差はほとんどない。

北越《ほくえつ》急行ほくほく線はトンネルが多いことで有名だが、赤倉トンネル（一万四七二メートル）の中には美佐島《みさしま》駅がある。この線は特急列車が新幹線以外の路線では国内最高の時速一六〇キロで走るため、高速で通過する際にホームに人がいると危険なので、通常は入口を施錠して監視カメラが無人を確認しており、普通列車が停車する時のみ運転士がリモコンで車内から解錠するという。

大都市以外の「トンネル駅」は雪国に集中しているが、北陸本線の頸城トンネルの中にあるのは筒石駅である。昭和四四年（一九六九）まで、糸魚川〜直江津間の線路はずっと波打ち際を通っていたが、一帯は日本有数の地滑り地帯でもあり、実際に昭和三八年（一九六三）には列車が地滑りに巻き込まれ、海岸まで押し流される事故があった。豪雪地帯

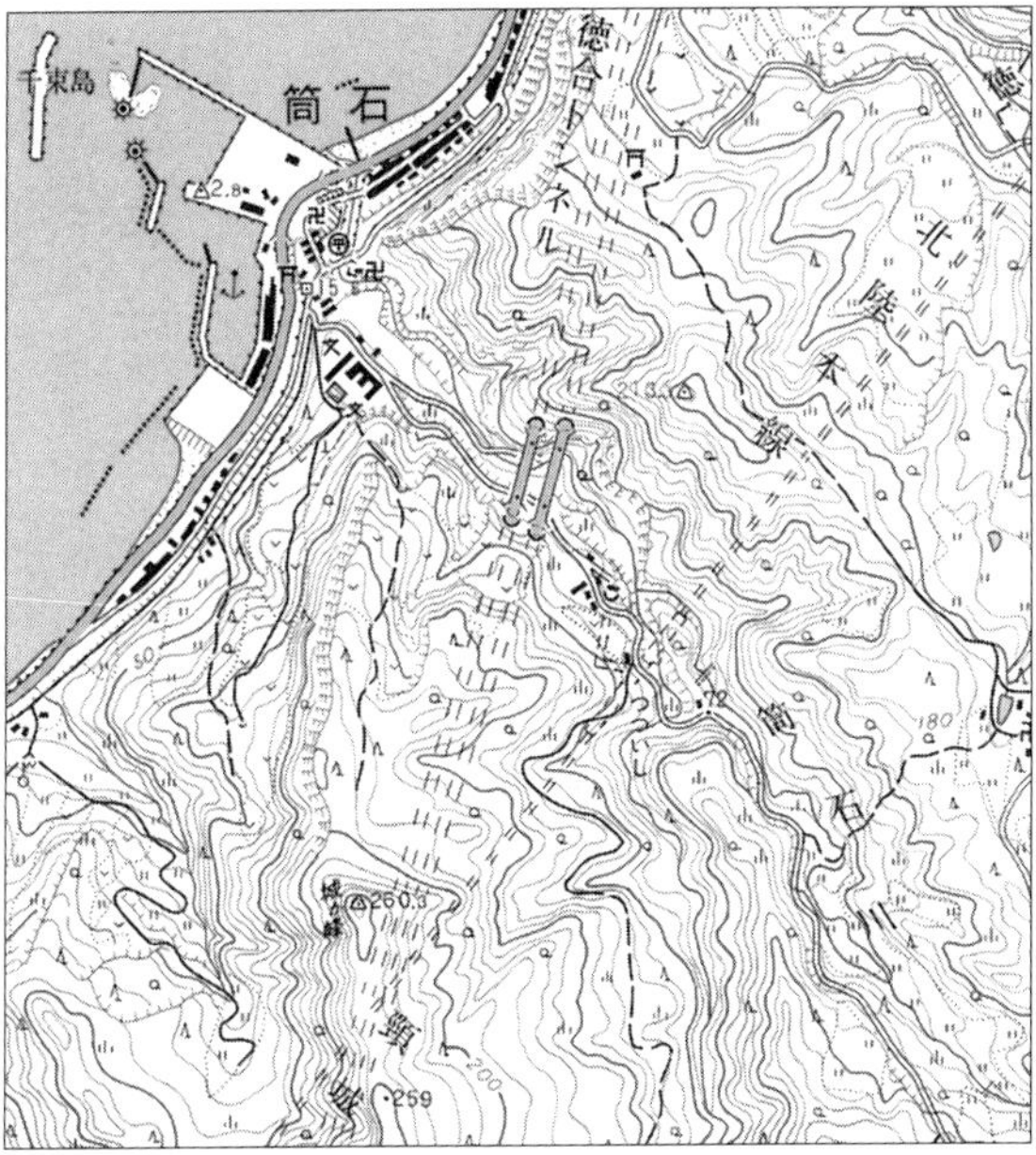

2万5000分の1地形図「名立大町」(平成13年修正)

ということもあり、複線電化を機にこの区間はトンネルが大半を占める新線に切り替えられた。

筒石の新駅は以前よりむしろ筒石集落に近くなったが、トンネル内のため土合駅ほどではないが地上との高低差が四〇メートルくらいある。新線区間の呆《あき》れるほどのトンネル続きに無聊《ぶりよう》をかこつ人には、気分転換に筒石駅から地上へ出て日本海を見に行くことをおすすめしよう。黒い瓦屋根の続く北陸らしい集落と旧北陸本線の廃線跡が出迎えてくれるはずだ。廃線跡は「久比岐《くびき》自転車道」になっており、日本海を眺めながらのんびりサイクリングもできる。

事情により単線・複線が混在する路線

日本海に沿って走る羽越本線は、海だけでなく線路を観察するのも一興だ。この路線は単線・複線が混在しているため、車窓の片側に線路があったりなかったりで忙しい。列車がすれ違うこともあれば、対向列車を駅で待ち合わせることもある。上下線が離れていることもあるし、廃止された旧線の石積みのトンネルが見えることも珍しくない。

羽越本線は京阪神から北陸、東北、北海道を結ぶ「日本海縦貫線」の一部を担う重要幹線と位置付けられ、昭和四〇年（一九六五）には国鉄第三次長期計画で全線の複線化が検討された。まず工事しやすい所から逐次着工することが決まったが、海沿いの村上～三瀬間の複線化は地形や予算をにらみながら、①既設の線路に沿って敷設（腹付け線増）、②複線の新線で路線変更、③別ルートの単線を新設（別線線増）のいずれかで逐次進められた。

昭和四二年（一九六七）一〇月に村上～間島《まじま》間が完成したのを始めに、越後早川《はやかわ》～桑川間が同四三年八月、越後寒川～勝木《がつぎ》間が同年九月、鼠ヶ関《ねずがせき》～小岩川《こいわがわ》間が同四四年九月、温海《あつみ》（現あつみ温泉）～五十川《いらがわ》間が同四五年九月、府屋《ふや》～鼠ヶ関間が同五一年九月、五十川～小波渡《こばと》間が同五二年一〇月、小波渡～三瀬間が同五三年九月という具合に、まさに一駅区間ずつ各地で進められたのである。しかしその後は国鉄の財政悪化により複線化はぱったりと止まり、昭和五七年（一九八二）に勝木～府屋間を、複線化のため掘られた複線断面のトンネルを使って路線変更（複線化はせず）した後は変わっていない。

次頁の図は鼠ヶ関～あつみ温泉間の新旧を比較したものだが、左の図はこの区間の複線化が始まる直前の昭和三九年（一九六四）、右の図は現状と同じ平成二年（一九九〇）の状

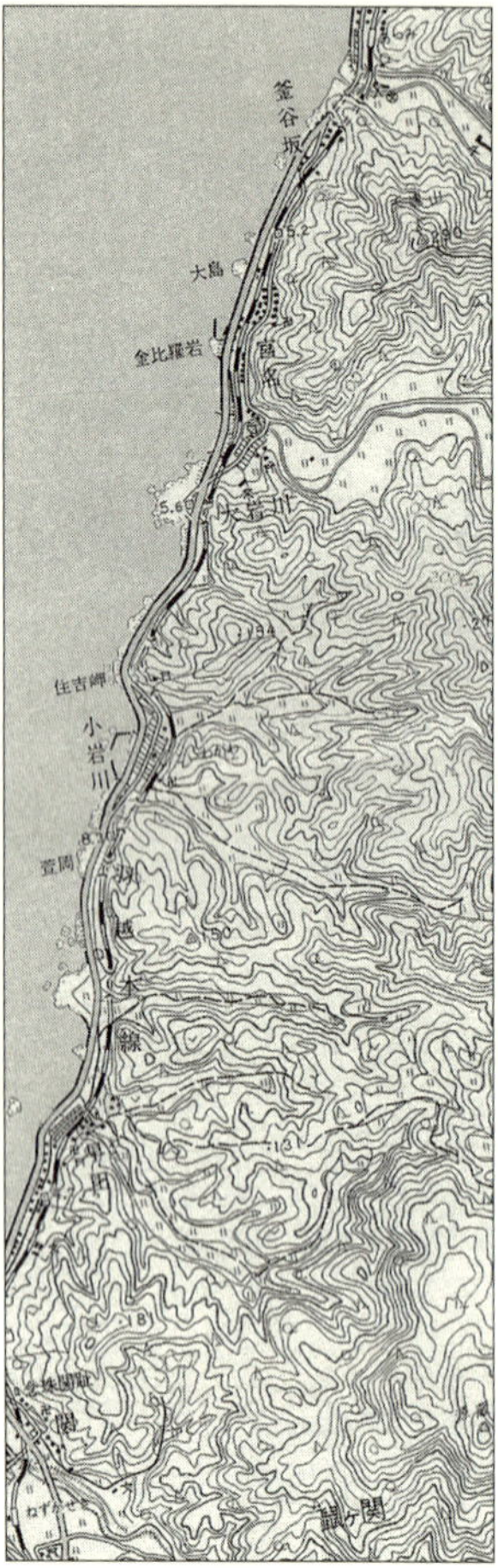

5万分の1地形図「温海」
（昭和39年改測）×0.7

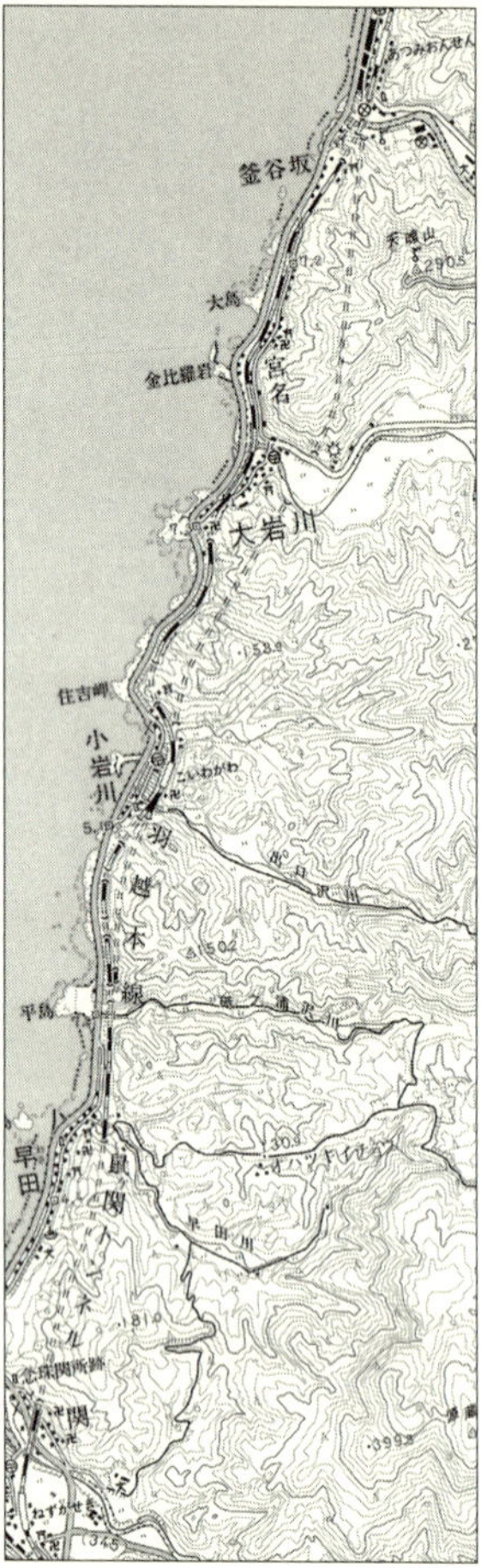

5万分の1地形図「温海」
（平成２年修正）×0.7

態である。図の南方からいくと、鼠ヶ関〜小岩川間は複線の鼠ヶ関トンネル（一五二五メートル）を掘ってルート変更、その先は山側に二つの新トンネルをもつ別線を建設して複線化したことがわかる。

小岩川から先は右の図の山側に二本の長いトンネルだけが描かれて線路が伴っていない。これは複線化のため昭和五三年（一九七八）七月に着工、同五九年二〜三月にかけて竣工したものの、その後は工事中止となり、現在に至るまで単線の旧線が使われている。両トンネル合わせて約六〇億円の工費をかけたものの、今も宙に浮いたままだ。

昨今、ヨーロッパでは地球温暖化防止のためのＥＵの方針により、旅客・貨物輸送の鉄道へのシフトが計画的に行われている。スイスやオーストリアではアルプスのまん中を通過するトラックの台数を減らすため、アルプスを貫くゴットハルト基底トンネル（約五七キロ＝世界最長となる）をはじめとする長大トンネルの建設や各地での線形改良など、輸送力増強のための鉄道関連インフラの充実に力を注いでいる。そんな状況を横目で見ていると、ＪＲが「私企業」とはいえ公共交通を担う存在であり、しかも日本国有鉄道の時代に国のインフラのために投入された六〇億円を長い間生かせず放置している現状は異様に映る。ＥＵなら羽越本線の全線複線化などとっくの昔に済ませているだろう。

最後に複線化された二区間である五十川〜三瀬間だが、このうち小波渡駅より西側は複線の別線で山を貫いて昭和五二年（一九七七）一〇月に開通したが、翌五三年九月に開通した東側は上り線だけ近道、と対応が異なっている。年度による財政事情の差だろうか。いずれにせよ羽越本線で海岸の車窓を楽しむなら下り線の方がいい。

第五章　鉄道が語る日本の歴史

東海道の旧宿場町に沿って走る列車

東海道本線はその名の通り東海道に沿って敷設された。名古屋（熱田《あつた》）から滋賀県の草津までは美濃路や中山道に沿ったルートだが、それでも旧東海道とは踏切や立体交差で二五回も交差する。現在、東海道はおおむね国道一号となっている区間が多いけれど、京浜間は国道一五号だし、明治以降のバイパス化などによって大幅に変わっていたり、ひっそりと地元の生活道路となっている旧道もある。しかし、松並木や蔵のある古い家並みなど、天下の大道であった名残はあり、それらを車窓から探すのも一興だ。

東海道本線の経由する都市には当然ながら宿場由来のものが多く、東京側から挙げても品川、川崎、東神奈川、保土ヶ谷《ほどがや》、戸塚、藤沢、平塚、大磯……と続いているが、戦災や都市計画などの影響で、宿場の面影を片鱗《へんりん》も留《とど》めない場所も珍しくない。それでも大都市圏を外れた宿場町を地形図で観察すれば、意外に旧道の雰囲気を感じさせるところもある（旧道は地形図だけではわからないので、旧東海道を歩くガイドブックなどを参照のこと）。

旧東海道と東海道本線が初めて平面交差する場所、つまり最初の旧東海道の踏切は保土

「東海道踏切」。横浜市の保土ヶ谷駅西方にある。場所は旧道が線路と交差する地点で、写真は南側からのアングル。写真：今尾恵介

2万5000分の1地形図「沼津」（平成20年更新）

ヶ谷駅の西方にある。下り列車が同駅を出て間もなく右カーブした直後、旧東海道沿いに長く続く商店街の南端がちょうど踏切にぶつかっているが、これを南側から見たのが前頁上の写真である。昔ながらの「旧街道踏切」の雰囲気を残しており、踏切の名もズバリ「東海道踏切」だ。

静岡県内には東海道五十三次のうち四割にあたる二二の旧宿場があるが、そのうち原という宿場町は、現在沼津市内に位置する（前頁下図）。駿河湾の浜辺沿いに旧東海道がまっすぐ通るが、街道と交差する東海道本線（片浜《かたはま》〜原）は古くからの家並みの立ち退き軒数を抑えるためか、S字カーブで家並みを避けた線形になっている。鋭角で街道と交差する場合、線路の前後で街道の方をS字型に曲げるのが普通だが、さすがに天下の東海道、微動だにしない。

大井川を渡った西側の金谷も宿場の面影が残る。「越すに越されぬ大井川」だけあって、増水すると川止めのため逗留《とうりゅう》客《きゃく》が増え、宿場は大いに賑わったというが、東海道本線の開通で職を失った多くの「川越し人足」たちが牧之原の開拓に従事し、全国一のお茶の産地の基礎を築いた。次頁図の大井川を渡り、堤防から自然な弧を描いて金谷駅前に至る道

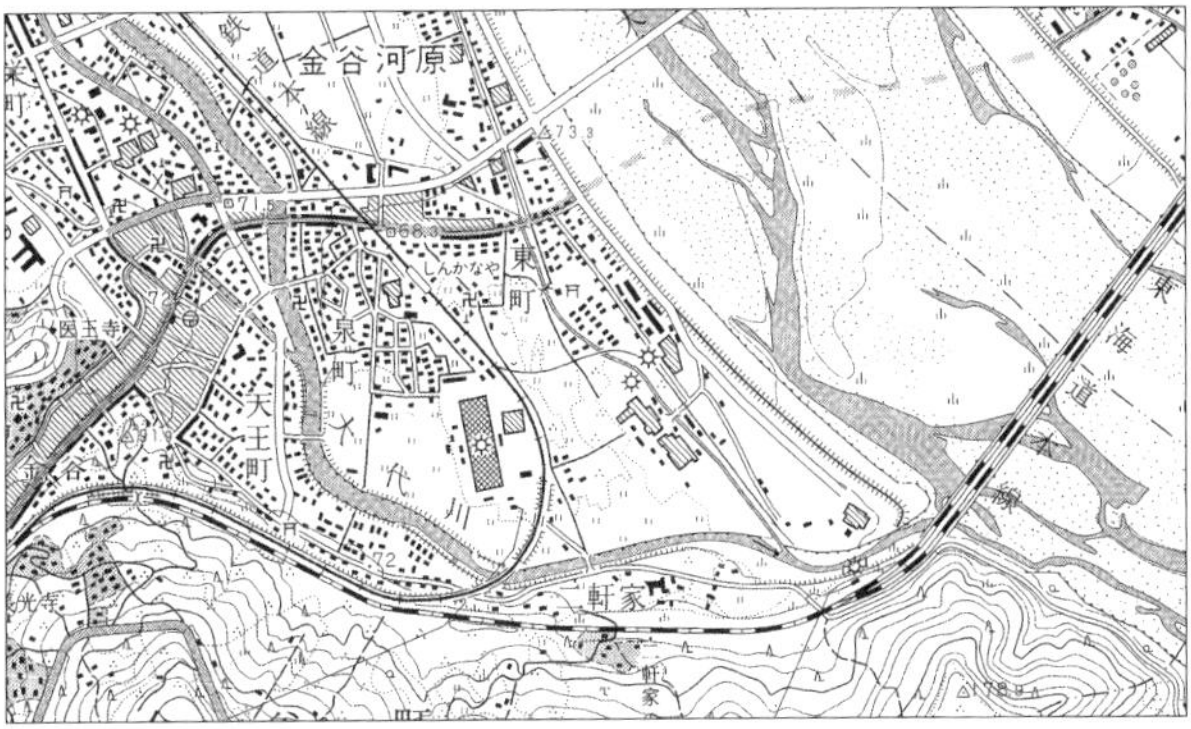

２万5000分の１地形図「島田」（平成８年修正）×0.8
旧東海道。大井川の川越し部分の破線を含めてアミかけ表示した。

（一部は国道四七三号）が旧東海道で、いかにも宿場らしい家並みがずっと続いている。ちなみに現在の国道一号は旧宿場町には入らず、駅の北西にある山の中腹をトンネルで抜けてしまう。

東海道本線以外に旧東海道の間近を並行する路線を挙げれば、品川から川崎の先の八丁畷《はっちょうなわて》あたりまでは、ＪＲよりもむしろ京浜急行。高架線から東側を眺めれば、ビルが多いとはいえ天下の大道ならではの大きな寺院の屋根などが印象的だ。小田原から箱根湯本までは箱根登山鉄道がつかず離れず。豊橋からは岡崎、知立《ちりゅう》、鳴海《なるみ》などかなり旧東海道に接近して敷設されているのが名古屋鉄道名古屋本線である。

熱田（宮）から先は「七里の渡し」で海上を

行くが、桑名《くわな》からは関西本線。近鉄名古屋線の方が近い区間もあり、四日市《よっかいち》からは狭軌の支線である近鉄八王子線・内部線が旧街道のすぐ近くを走っている。関までは関西本線に沿っているが、四日市と亀山《かめやま》の間にある加佐登《かさど》駅は庄野《しょうの》宿の最寄りで、この宿場といえば歌川広重の「東海道五十三次」で、夕立に遭って蓑《みの》と笠の旅人が慌てて走っている構図(庄野白雨)で知られる。

関から先は旧東海道が鈴鹿《すずか》峠への直登であるのに対し、鉄道は柘植《つげ》を回るのでだいぶ離れ、その先で鉄道が近づくのは草津線の三雲《みくも》駅付近である。南側の車窓は水田ごしに山の手前に続く瓦屋根の家並みが印象的だ。大津から京都・三条大橋の間は京阪京津線が京都市営地下鉄東西線とともに旧道にぴったり近いルートを走っている。

門前町へ乗り入れる路線

「こんぴらさん」こと金刀比羅宮《ことひらぐう》は古くから海上安全、商売繁盛、五穀豊穣《ほうじょう》を祈る参拝者が全国から集まる。四国各地からは何本もの「金毘羅道」が長い石段のある門前町・琴《こと》平《ひら》へと続き、最寄りの港である丸亀《まるがめ》や多度津へは、本州方面からの船便が多くの参拝者を運んだ。明治になると、それらの道をなぞるように合計四本もの鉄道・軌道が敷設されていく。

琴平で最初の鉄道は、四国初の鉄道・伊予鉄道の開業から約半年後の明治二二年（一八八九）五月に開通した讃岐鉄道で、丸亀〜多度津〜琴平を結んだ。この線は現在のJR予讃線・土讃線の各一部だが、丸亀〜琴平間を結ぶ列車は今と違って多度津でスイッチバックしていた。桟橋に横付けする位置に多度津駅を置いたからだが、本州方面から琴平へ向かう船客がいかに強く意識されていたかがわかる（宇高《うこう》連絡船は明治四三年の開業）。

その後は大正一二年（一九二三）に丸亀の町から路面電車の琴平参宮電鉄が琴平まで直通するようになり、同一四年にはこちらも客船直結を意識した「多度津桟橋」までの支線を開通させた。さらに大正一五年（一九二六）には高松から琴平を直結する琴平電鉄（現高松琴平電気鉄道。当初は栗林公園《りつりん》〜滝宮《たきのみや》、高松〜琴平間の開通は翌昭和二年）も参入している。いずれも電車ならではの頻繁運転で便利さをアピールした。

昭和五年（一九三〇）の時刻表によれば、予讃線の多度津〜琴平間（当時は現土讃線も予讃線の支線という扱い）の列車は一一往復、高松からの所要時間はおおむね一時間四〇分で

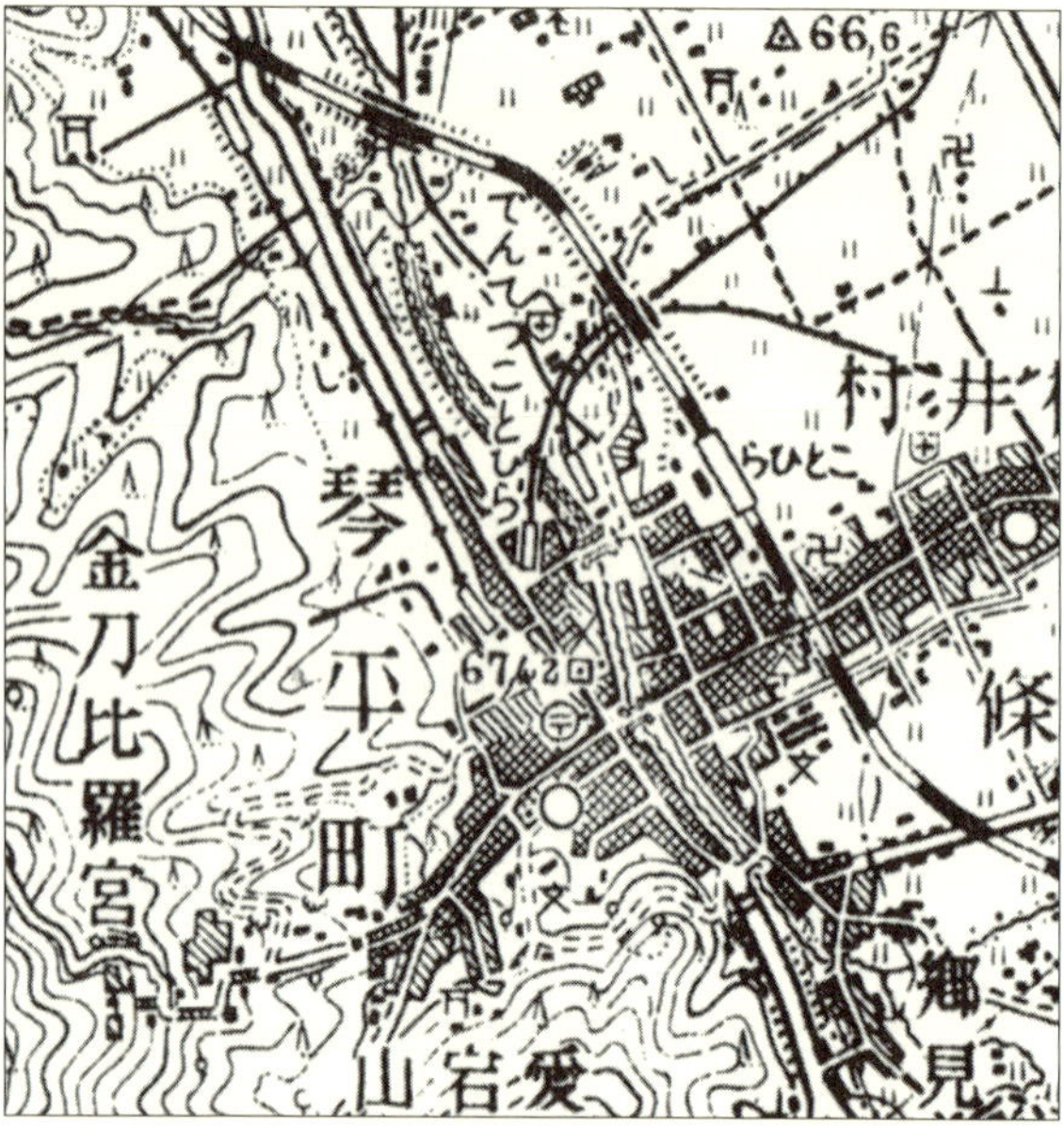

5万分の1地形図「丸亀」(昭和7年鉄道補入)×2.0
3社の私鉄が乗り入れていた頃の琴平。

あったのに対し、琴平電鉄の高松（現瓦町《かわらまち》）～琴平（現琴電琴平）は五五分、しかも運転間隔は二五分間隔と圧倒的に優位に立っていた。

しかし昭和五年に開通した四つ目の鉄道、坂出《さかいで》からの琴平急行電鉄はさすがに供給過剰をもたらしたようだ。こちらは運輸成績も振るわず、戦争中の昭和一九年（一九四四）に鉄道省は「不要不急路線」に指定、レールその他を供出させられ、運休となった（のち廃止）。戦後はモータリゼーションの進展で路面区間の多い琴平参宮電鉄が昭和三八年（一九六三）に廃止され、現在のＪＲと琴電の二線に落ち着いている。前頁の図は琴平に四線が乗り入れていたピーク時の様子だが、四つの「琴平駅」が並んでいる様子はなかなか壮観だ。

他にも神社仏閣への参詣者輸送を主目的に建設された鉄道は数多い。関東で初めて走った電車が京急大師《だいし》線（当初は大師電気鉄道）であるのは象徴的だが、全国をざっと見渡しても京成電鉄本線（成田山新勝寺）、東武日光線（東照宮・二荒山《ふたらさん》神社）、近鉄山田線（伊勢神宮）、叡山電鉄（鞍馬寺《くらまでら》・延暦寺《えんりやくじ》）、京阪電鉄石山坂本線（延暦寺・石山寺）、南海高野線（金《こん》剛峯寺《ごうぶじ》）、一畑電車（出雲大社・一畑薬師）、広島電鉄宮島線（厳島《いつくしま》神社）、西鉄太宰府《だざいふ》線（太

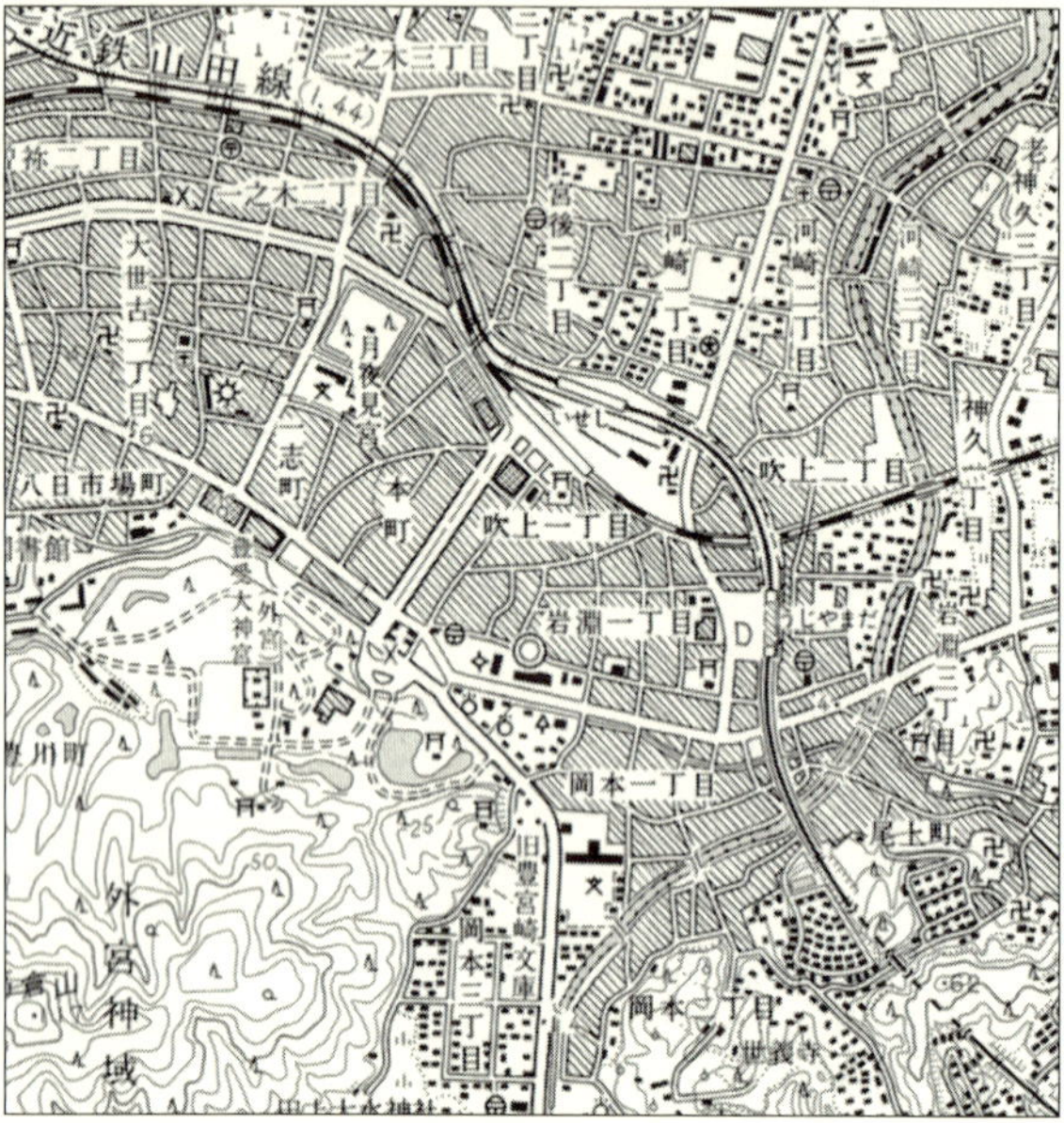

2万5000分の1地形図「伊勢」(平成9年修正)

宰府天満宮）など、今も初詣などの混雑ぶりは健在であるが、これまでに廃止された小規模な地方の「参拝鉄道・軌道」を挙げればこの何倍にも及ぶだろう。近鉄天理線も天理教の信徒輸送のため大正四年（一九一五）に敷設された天理軽便鉄道（当初は新法隆寺〜天理。平端《ひらはた》〜天理間が現存）がルーツだ。当たり前のことかもしれないが、鉄道は人の流れに沿って作られる。

アイヌ語起源から和風に変わった駅名

北海道の地名はアイヌ語起源のものが多い。たとえば道庁所在地の札幌はサッ・ポロ（ペッ）――つまり「乾いた・大きな（川）」に由来するとされる。乾いた大川といえば豊《とよ》平《ひら》川のことだろう。なぜ乾いているかといえば、豊平川は扇状地を形成していて、雨が降らないと水はけの良い砂礫《されきち》地のため伏流し、表流水がしばしば消える。サッポロはその特徴を表現したらしい。稚内《わっかない》もヤム・ワッカ・ナイ（冷たい・水の・川）の頭が略された形とされている。

このように、北海道には先住民の言葉の「音」に漢字を当てた地名が多いのは間違いないが、意外に「和製」の地名も多い。和製とは、たとえば宮城県南部の亘理《わたり》藩主であった伊達邦成《だてくにしげ》を中心に明治初期に入植した土地であることにちなむ伊達市（室蘭本線・伊達紋別《もんべつ》駅）、仙台藩白石《しろいし》城主の片倉邦憲《かたくらくにのり》が旧臣を率いて移住・開拓に当たった土地である札幌市の白石《しろいし》区（函館本線・白石駅）、丸亀藩主であった京極高徳《きょうごくたかのり》が開発した農場の土地に名付けられた京極町（旧胆振《いぶり》線・南京極駅、東京極駅）など、開拓者の出身地や姓にちなむものも目立つ。

このような「殿様系統」だけでなく、奈良県十津川《とつかわ》村が明治二二年（一八八九）に大水害に見舞われたのを機に、村民が新天地を求めて集団移住した新十津川町（札沼《さっしょう》線・新十津川駅）のような例もあれば、廃止された万字《まんじ》駅・万字炭山《たんざん》駅（旧万字線）などは炭鉱を経営した朝吹《あさぶき》家の家紋（卍）から命名されたものであるなど、さまざまだ。

「和製」の中にはアイヌ語から翻訳されたものもある。たとえば噴火湾に面した「いかめし」で有名な森町（函館本線・森駅）などはオ・ニ・ウシ（河口・樹木・多いところ）を江戸時代に翻訳したものだし、オタ・ウシュ・ナイがアイヌ語で「砂のある川」を意味することから、それを翻訳した砂川《すながわ》市（函館本線・砂川駅）もある。ついでながら同じ川の「音」

に字を当てたのが歌志内《うたしない》市（旧歌志内線・歌志内駅）。

このように北海道の駅名は、地名の状況を反映してアイヌ語と和製が混在している。ところが、特に昭和に入ってからアイヌ語由来の駅名が「和製」のものに変えられる例が目立つ。たとえば石北本線の主要駅である北見駅は旧北見国の名をとった北見市に合わせたものだが、市制施行の昭和一七年（一九四二）までは野付牛《のつけうし》町の野付牛駅だった。由来はアイヌ語でヌプ・ウン・ケシ（野の末端）など諸説があるが、いずれにせよローカルな地名だったのを北見地方の中心を意識して改称したようだ。戦前は世界的なハッカの大産地だった北見盆地の中心だったことが影響しているかもしれない。

さて、宗谷本線にもアイヌ語起源の駅名が和風に変わったものがある。音威子府《おといねっぷ》の少し先の天塩中川《てしおなかがわ》駅である。自治体名は大正時代の村制施行時から中川村と称したが、ローカル地名は誉平《ぽんぴら》と称し、駅名もこちらを採った（次頁図）。美しい響きを持つポンピラとはアイヌ語で「小さな崖」を意味するが、天塩川が浸食して段差になった地形を表現したのだろう。崖なのに意味は正反対の「平」を当てたのは面白いが、こちらも残念ながら昭和二六年（一九五一）に村名に合わせて天塩中川と改称している（町制施行は昭和三九年）。

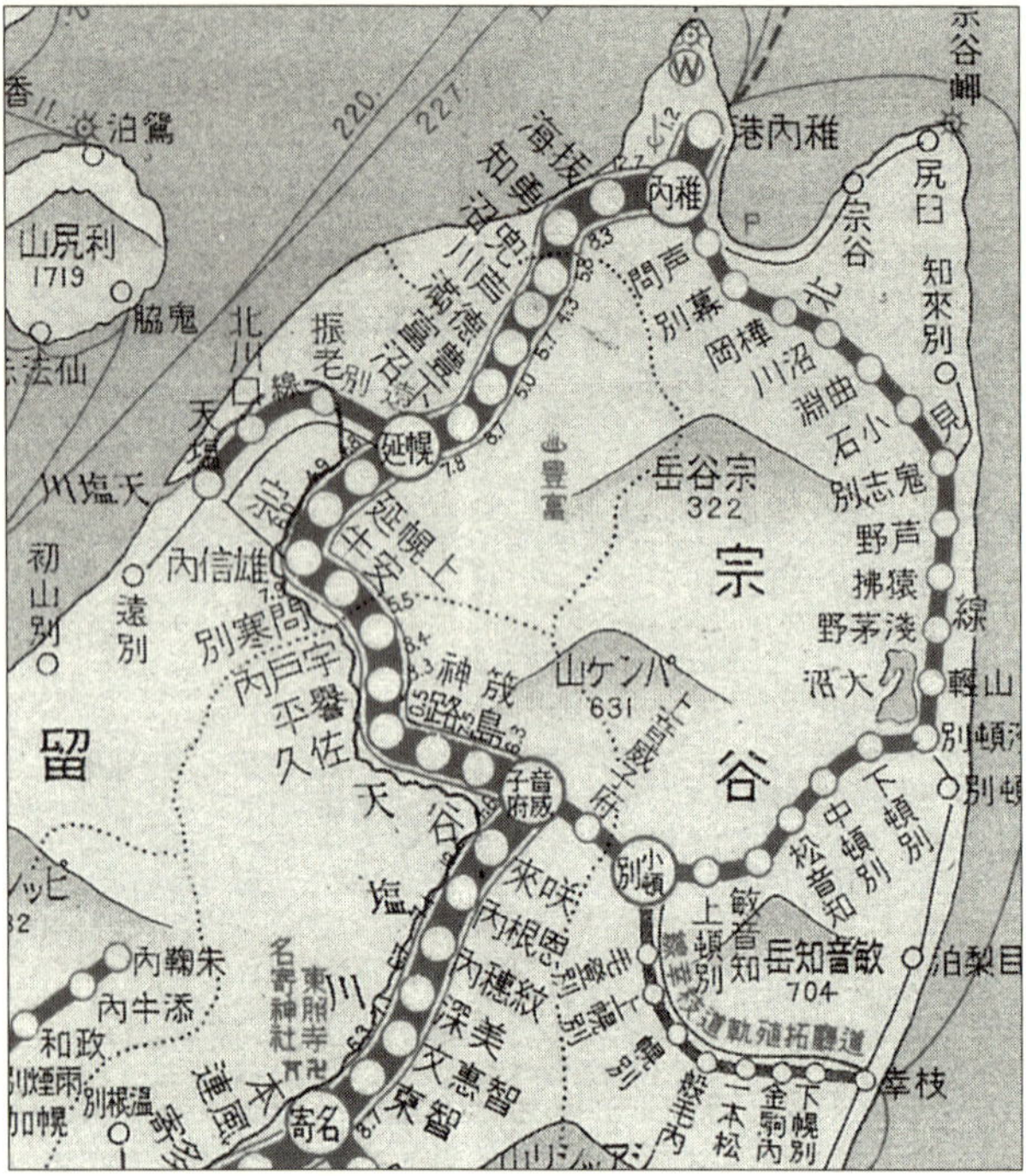

『最新鉄道旅行図』（三省堂／昭和10年発行）

難読地名が多いこともあり、アイヌ語地名の和風化は戦前からじりじり進んでいるが、中には読みだけを変えたケースもある。中川にほど近い美深《びふか》がそれで、駅名は明治四四年（一九一一）の開業時から「ぴうか」と読んでいたが、天塩中川の改称と同じ年に「びふか」と改称された。この例に限らず、どうしても漢字の一般的な読みに引きずられる傾向はある。ピウカとはアイヌ語で「小石の原（石の川原）」の意味で、「びふか」では原語から遠ざかってしまう。何年か前に町役場の人に聞いたところによれば、今でも町内のお年寄りには「ぴふか」と、両者の中間的な発音をする人が少なくないという。まだしばらくは語源の名残を聞くことができそうだ。

台湾の地名は日本統治下の大正九年（一九二〇）に大幅に変更された。日清戦争を終結させた馬関（下関）条約で日本は台湾を併合するが、台湾の地名はもともと中国本土から離れているため、先住民の言葉に由来する地名については、日本では使わない漢字が数多く当てられていた。それらをこの年に一斉に「日本風」にしたのである。

たとえば台湾第二の都市である高雄。この町はそれまで打狗《タカオ》と表記していた。犬（狗）を打つ、という妙な当て字だが、このタカオという発音に京都の地名である高雄を当てたのである。今ではカオシュンと読まれているので、日本語が介在していることを知らなければ打狗→高雄への改称の脈絡はわからない。台湾西海岸を南北に結ぶ幹線である「縦貫線」の駅名から一部をざっと挙げてみるだけでも、大正九年に次のような改称が行われた。

水返脚→汐止　錫口→松山　艋舺→万華　葫蘆墩→豊原　他里霧→斗南
打猫→民雄　水堀頭→水上　阿公店→岡山

似たような読みに変換しているものもあるが、一見して馴染《なじ》みのある漢字に差し替え、しかも日本人が発音しやすいもの（一部は日本の既存の地名）に変えられていることがわかる。このうち改められた地名が今も多く使われているが、もちろん発音は現地音だ。昔の地名を知らない若い人も確実に増えているだろう。植民地支配は地名にも複雑な影を落とすのである。

二〇万分の一地勢図で旧国境を確認する

紀伊半島をぐるりと回る紀勢本線は、その名の通り紀伊国の和歌山市駅と伊勢国の亀山駅を結ぶ鉄道路線である。現在の県名なら和歌山・三重であるが、「紀伊は和歌山県」「伊勢イコール三重県」とは割り切れない。和歌山・三重県境が鵜殿《うどの》～新宮間の熊野川であるのに対して、紀勢国境はずっと東の梅ヶ谷《うめがたに》～紀伊長島間にある荷坂峠《にさか》だ。駅名に注意すれば、この峠をはさんで伊勢柏崎《かしわざき》駅と紀伊長島駅が静かに国境の存在を主張しているのがわかる（次頁図）。

あまり知られていないが、二〇万分の一地勢図には旧国境が描かれている。かつては五万分の一や二万五千分の一地形図にも記載されていたが、今や二〇万分の一だけとなったので貴重な資料だ。ただし県境と一致している場合には描かれないことも多いので、ふだんはあまり表に出ない地味な存在である。

他にも都府県境と国境が食い違っている例はいくつもある。東京に近いところでは武蔵と相模《さがみ》の国境。武蔵国は埼玉県と東京都の島嶼部《とうしょぶ》を除く全域、および神奈川県の一部にまたがる広大な国で、その南部の国境は、東海道本線・横須賀線の電車が保土ヶ谷駅を通過した後のトンネルの分水界（帷子川《かたびらがわ》水系と境川水系）を通っている。現在は保土ヶ谷区と戸

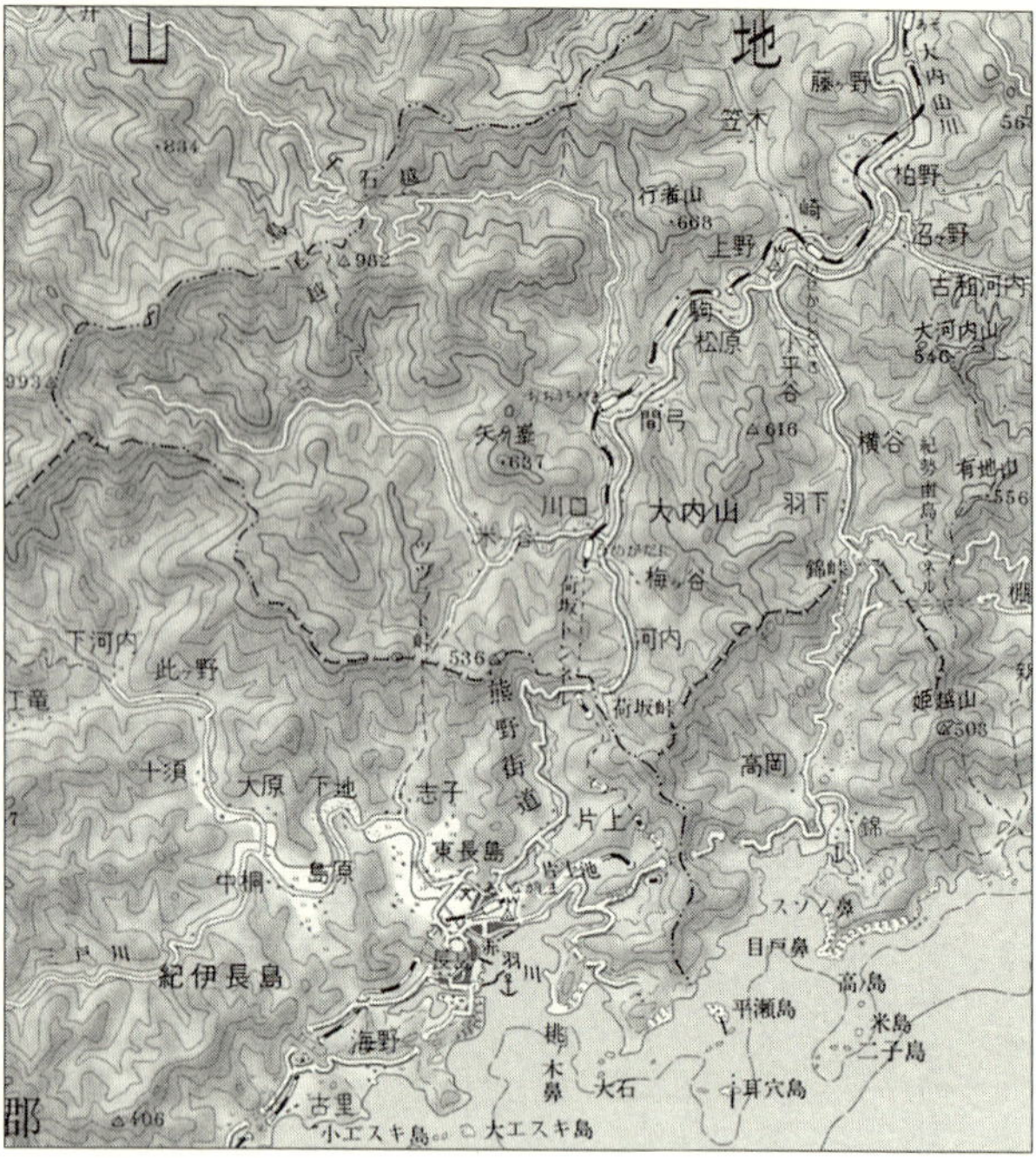

20万分の１地勢図「伊勢」（平成18年修正）　三重県内にある旧国境。

塚区の区境だ。ここはかつての山の雰囲気がそれなりに残っているが、わかりにくいのが九州の豊前《ぶぜん》・筑前《ちくぜん》の国境。鹿児島本線西小倉《にしこくら》〜九州工大前間の団地や工場が並ぶ市街地を流れる、その名の通り「境川」という小さな川が国境で、ほとんど気づかないうちに越えてしまう。

もちろん大河が国境のこともある。代表格は駿河と遠江《とおとうみ》を分ける大井川だろう。「越すに越されぬ」という決まり文句で知られる通り、これだけ急流で幅広い川は近世までの交通状況では両岸の地域間を大きく隔てていた。東海道本線の島田〜金谷間に架かる長い鉄橋は国境を感じさせるのに十分だが、昨今では道路橋がいくつも架かって往来は自由になり、さしもの大井川も両地域を分断する存在ではなくなった。ついに平成の大合併では両岸が合併、西岸の金谷町（遠江国）と東岸の島田市（駿河国）が合併して新しく島田市となった。交通の発達が生活圏を変え、やがては境界も変える好例である。

平成の大合併では越県合併は一か所だけだったが、昭和二〇〜三〇年代には意外にそれが目立つ。赤穂《あこう》線の備前福河《びぜんふくかわ》駅付近もその一例で、所在地の大字福浦はもともと岡山県日生町《ひなせちょう》（現備前市）に所属していたが、昭和三八年（一九六三）に日生町のうち大字福浦の

20万分の1地勢図「姫路」(平成17年要部修正)

山沿いの一部を除いたエリアが兵庫県赤穂市に編入されることになった。このため兵庫県内で唯一「備前」を名乗る駅となったのである。上の図では備前福河駅の東に見える鳥打峠が旧国境、西の福浦峠が現県境である。

備前福河駅ができたのは昭和三〇年（一九五五）三月一日、播州赤穂〜日生間が延伸した時のことで、当時の所在地である岡山県和気《わけ》郡福河村《ぐんふくかわそん》の名を採用したものだ。この村名は福浦村と寒河《そうご》村が明治二二年（一八八九）に合併して誕生した際、両者から一文字ずつとって合成した地名である。以降は「福河村大字福浦」と「福河村大字寒河」に分かれたのだが、福浦の方が思いがけず兵庫県赤穂市へ移籍してしまったため、かつて一緒になった寒河とは県の所属さえ異なることになる。

しかも駅の開業からわずか一か月で福河村が日生町の一部となって消えたため「福河」の実体はなくなり、福河と名乗る意義は失われてしまった。おまけに昭和三七年（一九六二）には大字寒河に寒河駅が新たに開業してしまう。その翌年には県境も変更。おいおい、福河の河の字は隣の寒河駅の河なのに……。その時点で備前福河駅は、従前の地名である「備前福浦」と改めるべきだったのだろうが、駅の改称にはカネもかかることだし……。今後も「実体のない駅名」を名乗り続けるのだろう。

いずれにせよ、兵庫県は昭和三八年の境界変更以来、丹波、但馬《たじま》、播磨《はりま》、摂津《せっつ》、淡路《あわじ》、そして備前と、日本で最も多くの旧国に跨がる県となったのである。

本書は『週刊　鉄道絶景の旅』（集英社）内の連載「鉄道地図を楽しむ」（第一回〜四〇回）を加筆・修正したものである。

この地図は、国土地理院長の承認を得て、同院発行の二〇万分の一地勢図、二〇万分の一帝国図、五万分の一地形図及び二万五千分の一地形図を複製したものである。（承認番号　平25情複、第497号）

本書の地図は、倍率表記したもの以外は原寸。

今尾恵介（いまお けいすけ）

一九五九年生まれ。地図研究家。明治大学文学部中退。出版社勤務を経て、一九九一年より鉄道・地図・地名に関する執筆を開始。一般財団法人日本地図センター客員研究員、日本地図学会「地図と地名」専門部会主査。

集英社新書〇七二一D

絶景《ぜっけい》鉄道《てつどう》 地図《ちず》の旅《たび》

二〇一四年一月二二日 第一刷発行

著者……今尾恵介《いまおけいすけ》

発行者……加藤 潤

発行所……株式会社集英社

東京都千代田区一ツ橋二-五-一〇 郵便番号一〇一-八〇五〇

電話 〇三-三二三〇-六三九一（編集部）

〇三-三二三〇-六三九三（販売部）

〇三-三二三〇-六〇八〇（読者係）

装幀……原 研哉

印刷所……凸版印刷株式会社

製本所……加藤製本株式会社

定価はカバーに表示してあります。

ISBN 978-4-08-720721-7 C0225

Printed in Japan

a pilot of wisdom

集英社新書　好評既刊

歴史・地理――D

- 「日出づる処の天子」は謀略か　黒岩重吾
- 日本人の魂の原郷　沖縄久高島　比嘉康雄
- 沖縄の旅・アブチラガマと轟《とどろ》の壕　石原昌家
- アメリカのユダヤ人迫害史　佐藤唯行
- 怪傑！　大久保彦左衛門　百瀬明治
- 伊予小松藩会所日記　増川宏一
- ナポレオンを創った女たち　安達正勝
- 富士山宝永大爆発　永原慶二
- お産の歴史　杉立義一
- 中国の花物語　飯倉照平
- 寺田寅彦は忘れた頃にやって来る　松本　哉
- 妖怪と怨霊の日本史　田中　聡
- 陰陽師　荒俣　宏
- ヒロシマ――壁に残された伝言　井上恭介
- 幽霊《ゴースト》のいる英国史　石原孝哉
- 悪魔の発明と大衆操作　原　克
- 戦時下日本のドイツ人たち　上田浩二／荒井　訓
- 英仏百年戦争　佐藤賢一
- 死刑執行人サンソン　安達正勝
- 信長と十字架　立花京子
- 戦国の山城《やましろ》をゆく　安部龍太郎
- パレスチナ紛争史　横田勇人
- ヒエログリフを愉しむ　近藤二郎
- 僕の叔父さん　網野善彦　中沢新一
- 太平洋――開かれた海の歴史　増田義郎
- アマゾン河の食物誌　醍醐麻沙夫
- フランス反骨変人列伝　安達正勝
- ハンセン病　重監房の記録　宮坂道夫
- 幕臣たちと技術立国　佐々木譲
- 勘定奉行　荻原重秀の生涯　村井淳志
- 江戸の妖怪事件簿　田中　聡
- 紳士の国のインテリジェンス　川成　洋
- 沖縄を撃つ！　花村萬月

反米大陸　伊藤千尋
ハプスブルク帝国の情報メディア革命　菊池良生
大名屋敷の謎　安藤優一郎
イタリア貴族養成講座　彌勒忠史
陸海軍戦史に学ぶ　負ける組織と日本人　藤井非三四
在日一世の記憶　小熊英二　姜尚中　編
徳川家康の詰め将棋　大坂城包囲網　安部龍太郎
「三国志」漢詩紀行　八木章好
名士の系譜　日本養子伝　新井えり
知っておきたいアメリカ意外史　杉田米行
長崎グラバー邸　父子二代　山口由美
江戸・東京　下町の歳時記　荒井修
警察の誕生　菊池良生
愛と欲望のフランス王列伝　八幡和郎
日本人の坐り方　矢田部英正
江戸っ子の意地　安藤優一郎
長崎　唐人屋敷の謎　横山宏章

人と森の物語　池内紀
新選組の新常識　菊地明
ローマ人に学ぶ　本村凌二
北朝鮮で考えたこと　テッサ・モーリス-スズキ
ツタンカーメン　少年王の謎　河合望
司馬遼太郎が描かなかった幕末　一坂太郎